Heinz Prüller

Happel

Danke, Ernst!

Heinz Prüller
Happel
Danke, Ernst!

Orac WIEN · MÜNCHEN · ZÜRICH

Bildquellenverzeichnis:

APA, Wien (2); Archiv (1); EPA (1); Sepp Graf, Wien, Leihgabe (2);
Harald Hofmeister, Wien (1); Jubiläumsbuch des FC Brügge (3);
Ernst Kainerstorfer, Wien (1); Alfred Körner, Wien, Leihgabe (1),
Jock Maislinger, Salzburg (1); Presse, Wien (1); Dr. G. Schnabl, Maria Enzersdorf (1);
Michaela Seidler, Wien (4); Sven Simon, Essen (7); Herbert Sündhofer, Wien (12);
Votava, Wien (61)

2. Auflage

Copyright © 1992 by Heinz Prüller
Jede, auch nur teilweise Zitierung und jegliche Verwendung von Informationen aus dem
Inhalt dieses Werkes bedarf der schriftlichen Zustimmung des Urhebers. Ein Verstoß wird
in straf- und schadenersatzrechtlicher Hinsicht verfolgt.

ISBN 3-7015-0303-6
Schutzumschlag: Rudolf Kasparek-Koschatko
Grafische Gestaltung des Bildteils und Lithos: Alfred Hoffmann
Satz: Friedrich Brandstetter, Wien
Druck und Bindearbeiten: Wiener Verlag, Himberg bei Wien

Inhaltsverzeichnis

I. AUFBRUCH	9
„SPRECH ICH WENIG, HAB ICH ZUVIEL GESAGT"	10
WOHER KOMMT DAS GENIE?	11
THE ROARING FIFTIES	16
BUSENFREUND MAX MERKEL	30
CHERIE BITTER: HAPPEL UND DIE WM	32
DER RAUBERSBUA VON UDDEVALLA	36
ESSEN MIT DER LOLLOBRIGIDA	38
TORE, DIE MAN NICHT VERGISST	49
II. GIPFEL	54
SEVILLA: KEIN HAPPEL, OLÉ!	57
ZWISCHEN DEN FRONTEN	59
TAKTIK: PRESSING UND SPIONE	62
HAPPELS 18 GEBOTE	73
DIE GORILLA-GANG	74
NETZER: SCHLUSS MIT DEM FADEN FUSSBALL	76
BECKENBAUER: TUT MIR LEID, HERR HAPPEL!	77
MIT MARADONA — DER VESUV BRICHT AUS	82
III. HEIMKEHR	88
DÄMONISCH AUF DER TRAINERBANK	108
20.000 DOLLAR FÜR DEN SCHIEDSRICHTER	109
„GRETA GARBO" DES WELTFUSSBALLS	111
„PATRIOT, ABER KEIN IDIOT"	119
HAPPEL PRIVAT: BOB UND RAFTING	132
28 ROSEN VOM CHEF	134
TAKTIK IN DER SCHUBLADE	135
„EIN SCHÖNES JAHR"	136
REQUIEM FÜR HAPPEL — EIN 0:0	159
ERNST HAPPELS FUSSBALL-LEBEN	165
FUSSBALLTAKTIK	166
HAPPELS 51 LÄNDERSPIELE	177
HAPPEL IM EUROPACUP	182
HAPPELS EUROPACUP-ENDSPIELE	184
DIE ERFOLGREICHSTEN VEREINSTRAINER DER WELT	185
HAPPEL ALS ÖFB-TEAMCHEF	190
HAPPEL ALS RAPID-SPIELER	191

SEIN VERMÄCHTNIS

1988 - 1992
EUROPA MEISTERSCHAFT
1988 HÖHERES NIVEAU FUSSBALL 2000
LACHEN
1992 EIN PAR HAUSHERRN TESTORBEN
HOLLAND - DEUTSCHLAND - FRANKREICH
SCHWEDEN

JEDE MANNSCHAFT IST IN EINEM BESTIMTEN MOMENT ZU SCHLAGEN WIE???
KEINE HOCHACHTUNG VOR DEN GEGNER
FRECHEN AGGRESIVEN OFFENSIVEN FUSSBALL EINSCHL. VERANTWORTUNG NEHMEN ABWECHSELND SPIELEN GEMISCHT VARIIERT AUS DER DEFENSIVE ABER WEG VOM STRAFRAUM DEN GEGNER BEI DER MITTELLINIE ATTACKIEREN GLEICH ANGREIFEN
ABWECHSELND MIT FORCHECKIN IN DER ANDEREN HÄLFTE TOTALE OFFENSIVE.
MIT DIESER MANIER HAB ICH MEHR ERFOLG ALS WENN ICH PAUSE AUFB AUF ABWARTEN SPIELE WIE EIN ANGSTHASE
SO BRAUCHEN WIR KEIN SPIEL BEGINNEN OB EIN INTERN FREUND-SCHAFTSSPIEL ODER EIN QUALIFIKATIONS SPIEL AUF MEINE VERANTWORTUNG

ES GEHT UM DIE RICHT. EINSTELLUNG ICH MUS MIT HERZ ZUR SACHE GEHEN
BEI BALLBESITZ FUSSBALL SPIELEN RUHIG ABER MIT BISS

Bei Ballverlust trachten den Ball so schnell als möglich zurück er= obern diese P.K.T sind notwendig um Erfolg zu haben.

Europameisterschaft 92.
Einsatz - Kämpferisch - verbissen
Laufbereit - Laufreudig / Aktivität
Diese P.K.T fehlen uns Woche für Woche. Solange wir diese P.K.T. nicht ins Spiel bringen haben wir international keine Chancen bringen wir diese P.K.T. garantiere ich haben wir Chancen um sich für Amerika zu qualifizieren.
Wir beginnen schon in Bratislava und in Linz damit

Wer diese P.K.T. nicht ins Spiel bringen kann soll es mir sagen unter gehen der scheidet aus muss ein anderer spielen der eben diese P.K.T bringt
ohne Ausnahmen
Auf Namen nehme ich keine Rücksicht

Das ist der Weg um Erfolg zu haben einen anderen Weg gibt es nicht

Dann liegt mir eines am Herzen und macht mir Kummer für die Zukunft reklamieren + meckern + weg werfen, e Handbewegungen gegen Schiedsrichter & Linienrichter

Vergleich Europameisterschaft 1988—1992
1988 hatte die EM höheres Niveau. Man redete vom „Fußball 2000". Darüber kann ich nur lachen — diesen Fußball hab ich schon vor 20 Jahren mit Feyenoord gespielt.
1992 sind ein paar Hausherren gestorben: Holland — Deutschland — Frankreich — Schweden.
Jede Mannschaft ist in einem bestimmten Moment zu schlagen. Aber wie? Keine Hochachtung vor dem Gegner. Frechen, aggressiven, offensiven Fußball spielen, Verantwortung nehmen.
Gemischt variiert aus der Defensive, aber weg vom Strafraum, den Gegner bei der Mittellinie attackieren, gleich angreifen.
Abwechselnd mit Forechecking in der anderen Hälfte totale Offensive.
Mit dieser Manier hab ich mehr Erfolg, als wenn ich rausgeh und auf Abwarten spiele. Wie ein Angsthase, so brauchen wir kein Spiel beginnen, ob ein internes Freundschaftsspiel oder ein Qualifikationsspiel auf meine Verantwortung.
Es geht um die richtige Einstellung. Ich muß mit Herz zur Sache stehen.
Bei Ballbesitz Fußball spielen. Ruhig, aber mit Biß.
Bei Ballverlust trachten, den Ball so schnell wie möglich zurückerobern. Diese Punkte sind notwendig, um Erfolg zu haben.
Europameisterschaft 1992:
Einsatz — kämpferisch — Verbissenheit — lauffreudig — hohe Aktivität.
Diese Punkte fehlen uns Woche für Woche. Solange wir diese Punkte nicht ins Spiel bringen, haben wir international keine Chance. Bringen wir diese Punkte, garantiere ich, haben wir Chancen, um uns für Amerika zu qualifizieren.
Wer diese Punkte nicht ins Spiel bringen kann, soll es mir sagen, unter vier Augen, der scheidet aus. Muß ein anderer spielen, der eben diese Punkte bringt, ohne Ausnahmen.
Auf Namen nehme ich keine Rücksicht.
Das ist der Weg, um Erfolg zu haben. Einen anderen Weg gibt es nicht.
Dann liegt mir etwas anderes am Herzen und macht mir Kummer für die Zukunft: Reklamieren und Meckern und wegwerfende Handbewegungen gegen Schiedsrichter und Linienrichter.

Ernst Happel über die Zukunft des österreichischen Fußballs — von ihm selbst niedergeschrieben während einer Therapie in der Innsbrucker Universitätsklinik im Sommer 1992: Sein Vermächtnis an seine Spieler.

I. Aufbruch

„Trauert nicht, daß er gestorben ist, freut euch, daß er gelebt hat", haben ihm seine Kartenfreunde von Café Ritter auf die Kranzschleife geschrieben. „Servus, Ernst Happel", grüßt der Hamburger SV. Liebe letzte Grüße mit Respekt und Hochachtung von allen: „Auch wir trauern. Die Schiedsrichter."
Donnerstag, 26. November 1992, der Hernalser Friedhof ist schwarz von über 5000 Menschen. Die ganze Fußballwelt ist gekommen, um sich von ihrem erfolgreichsten Trainer zu verabschieden. Ernst Happel, ein Mann wie elf Männer, der so gern 100 Jahre werden wollte, „oder wenigstens 75, dann hab ich 150 Jahre gelebt", war 13 Tage vor seinem 67. Geburtstag, vier Tage vorm Ländermatch in Nürnberg, gestorben.
„Als ich ihn das letzte Mal in die Klinik fuhr", sagt Veronika später, „wußte er, daß er nicht mehr herauskommen wird." Dort diktierte Happel seiner Freundin sein Vermächtnis an den österreichischen Fußball. Und bittet sie, es Präsident Mauhart und seinen Spielern weiterzugeben.
„Ich habe einen Kader hinterlassen, der Basis für eine gute Weiterarbeit sein kann. Sie müssen nur was draus machen, müssen daran glauben. Sie haben es verstanden, worum es geht. Sie müssen aufs Nationalteam stolz sein, eine innere Beziehung dazu haben. Sonst wird's nix." Mauhart hatte er gesagt: *„Aus dem Team, da wird was draus. Ich bin froh, daß ich das angenommen hab. Es war ein schönes Jahr."*
„Vor Jahren, als man ihn um seine Heimkehr bestürmte, hatte Happel gesagt: Ich komm nur zum Sterben nach Österreich. Er starb erst, als er dem Fußball neues Leben eingehaucht hatte" (Josef Metzger). „Das Genie Happel verbarg den Kämpfer, der Misanthrop den Menschenfreund." Und sein unverwechselbares Benelux-Kauderwelsch den Urwiener mit viel Herz.
Generationen von Fußballern und Teamchefs sagen: Adieu, Aschyl. Die Stars von Feyenoord, die Happel zum Europa- und Weltcupsieg geführt hatte. Die halbe HSV-Mannschaft. Und Rapidler aller Generationen.
Die Grabwache halten die Rapid-Jugend, Happels Meistermannschaft vom FC Tirol und unser Nationalteam, dem er als Teamchef soviel neuen Mut gegeben hat.
„Als Mensch, als Freund, als Trainer bleibt er unersetzlich", würdigt Bundeskanzler Franz Vranitzky in seinem Nachruf. „Mit Ernst Happel geht ein Stück von Rapid, von Wien, ein Stück von Österreich, geht auch ein Stück Europa verloren. Und zwar kein geringes."
Aber solang auf der Welt Fußball gespielt wird, wird man von ihm reden.

„SPRECH ICH ZUWENIG, HAB ICH ZUVIEL GESAGT!"

„Haben dich die Menschen schon angerufen?" fragt Happel am Telefon. Was für Menschen? *„No, du weißt schon, vom ÖFB."*
Vorm Wales-Spiel muß er zu einer Talk-Show nach Gmunden. Er wünscht sich mich für die Interviews – und als Chauffeur. Als ich ihn und seine (gleichnamige) Freundin aus der Veronikagasse abhole, sagt er: *„Zwei Tote da heute in der Früh. Bei Gelb über die Kreuzung gerast . . ."*
Eine Autofahrt mit Happel durch Hütteldorf: Für mich jedesmal wie eine Zeitmaschine – Reise durch die Rapid-Geschichte.
„Da, am Knödelhüttenweg, hat der Körner-Robert gewohnt. Drüben der Bimbo Binder. Und da der Tiger. Die Edith muß eh zu Haus sein, weil das Kuchlfenster offen ist . . ."
Wir fahren am alten Rapid-Platz vorbei. Ich spüre, wie leid Happel um sie alle tut. In seinem letzten Jahr denkt er sehr oft an seine verlorenen Freunde aus den Rapid-Glanzzeiten: Walter Zeman, Gerhard Hanappi, Robert Körner.
„Der Robert hat's auf der Lunge gehabt, leider Gottes zu spät entdeckt. Darum laß ich mich immer zweimal im Jahr durchchecken. Einmal hab ich den Robert noch besucht auf der Baumgartner Höhe." Kurze Stille. *„Wir haben die letzte Zigarette zusammen geraucht."*
Heute liegen sie am Baumgartner Friedhof fast nebeneinander: Binder, Pesser, Zeman, Körner I – und Happels Großmutter. *„Ich schau immer bei allen vorbei, wenn ich die Oma besuch."*
An den Riederberg erinnert er sich: *„Da bin ich oft mit dem Radl gefahren – Schwammerln brocken für die Oma."*
Die Sonne wärmt schon, aber Happel will im Restaurant an der Enns nicht draußen, sondern drinnen sitzen. *„Ich bin gegen Wind empfindlich. Hab einen harten Winter hinter mir."* Außerdem plagt ihn das ganze Frühjahr ein Furunkel, das nicht und nicht heilt.
Mittagessen in Steyr. Er grantelt wegen der „Nouvelle Cuisine". Denn: *„International hab ich in Holland, Belgien und Hamburg genug gegessen, das können die besser. Am liebsten mag ich Hausmannskost."* Bei meiner jährlichen Sportlerparty im Funkhaus schmecken ihm die Blunzen, Kraut- und Schinkenfleckerln und das Gselchte besonders. In Holland hat er vom „angebrannten Kelch" geschwärmt, und Freunde mußten ihm Fleischlaberln mitbringen – wie seinem Teamchef-Vorgänger Stastny die geliebten Mohnnudeln nach Kanada. Ein Ur-Wiener, aber kein Mundl.
Der Chef versöhnt ihn mit Palatschinken. Sein Appetit schwankt – aber es freut immer, wenn es ihm schmeckt.
Nachmittags sehen wir Vorwärts Steyr – Austria Salzburg. Weil Happel wis-

sen will, *„wer die Raumdeckung beherrscht und wer Pressing spielen kann"*.
Ich bin schon auf dem „heißen Sitz" neben Niki Lauda gesessen, als er im Renntourenwagen um den alten Nürburgring glühte, mit Franz Klammer im Sommer die gefährliche Streif-Abfahrt von Kitz hinuntergeturnt – aber ein Fußballmatch neben dem „Zauberer" ist genauso spannend.
Da geht einer durch und schießt den Tormann an. *„Der muß mit dem Innenrist schießen, net außen"*, rügt Happel. Oder: *„Warum, glaubst, hat der Verteidiger übers Tor geflankt?"* Weil er's nicht besser kann, vermutlich. *„Nein, wenn du zwei Linksfüßer in der Abwehr hast, muß einer rechts spielen. Wenn der dann vorstößt, flankt er drüber."*
Freistoß, zwei Mann stellen sich zehn Meter neben den Ball. *„Warum rennen die net weg?"*
Und weil ein Steyrer den Salzburger Willfurth dauernd provoziert, um ihn zu reizen, sagt Happel: *„Wäre ich Schiedsrichter, hätte der nach fünf Minuten Gelb, nach zehn Minuten Rot. Abmarsch, halbes Jahr Sperre, keine Prämie!"*
Am meisten stört ihn aber das Paarlaufen statt der Raumdeckung: *„Rennt ihm nach wie ein Esel. Braucht nur einer aus dem Mittelfeld vorkommen, ein anderer zieht seinen Bewacher rüber – und schon ist alles frei!"*
Und, als der Tormann ausschießt und der Linienrichter die Fahne hebt: *„Wo gibt's auf der Mittellinie abseits?"* Fünfzehn Minuten vor Schluß, *„wie immer"*, will Happel gehen: *„Schauen wir ins Casino nach Linz!"* Dort läuft auch die Fußballsendung im TV, aber die kleine Kugel fasziniert Happel heute mehr.
Sonntag früh in Gmunden: Schwäne füttern am Traunsee. *„Da war ich einmal mit Rapid auf Trainingslager."* Beim Frühstück studiert er alle Fußballberichte – nichts entgeht ihm. Nach der Talkshow, bei der Rückfahrt, deckt er sich mit ein paar Sackerln Rum-Kokos ein – wie vor jedem Trainingscamp.
Unterwegs mit Ernst Happel... An Autobahnraststätten trinkt er immer Kaffee und verweigert nie eine Eintragung ins Prominentenbuch – auf seine Manier. *„Was für den Stier das rote Tuch"*, gibt er immer den gleichen Text, *„das ist für mich das Gästebuch."*
„Mein Leitsatz war immer: Sprech ich zuwenig, hab ich zuviel gesagt. Sprech ich zuviel, krieg ich das Zehnfache zurück. Das hab ich nicht notwendig – ich bin nicht auf Sensationen aufgebaut", sagt er mir im Studio.

WOHER KOMMT DAS GENIE?

Über seine Kindheit weiß man nichts. Happel erzählt nur zögernd davon. Viel Elternliebe spürt er nicht. Sonst würde er später nicht manchmal zugeben: *„Familienleben, das hat mir gefehlt."* Mit vier kommt er zur Groß-

mutter, die wie alle lieben Omas aus Böhmen stammt — die Frau Nechiba, Hugelgasse, 3. Stock. Sie betreibt am Meiselmarkt im 15. Bezirk, auf der Schmelz, einen gutgehenden Obst-, Würstel- und Gemüsestand mit ihrem Sohn Otto — für Happel der liebste von acht oder neun Cousins.
Der Meiselmarkt war die erste Heimstätte Rapids. Wo die Großmutter ihr Standl hatte, steht heute ein Gemeindebau.
Wirtschaftskrise, Arbeitslosigkeit, zerrüttetes Elternhaus, dann der Krieg: Happel hat, *prozentabel gesprochen,* nicht mehr Chancen auf eine große bürgerliche Karriere als ein Negerbub in Haarlem — wären nicht die Großmutter gewesen und der Fußball.
Hast du dir je überlegt, wo dein Genie als Fußballer herkommt?
„Na ja, Genie, woher kommt das Genie..."
Hat dein Vater Fußball gespielt?
„Nein, das war ein Stemmer. Erstens einmal war es eine schlechte Zeit in den dreißiger Jahren, und dann der Fußball ja Volkssport, der kommt von der Straße. Ich hab meistens sechs bis sieben Stunden gespielt, das kann man mit Training, Schulfußball gar nicht vergleichen. Die besten Fußballer, die jemals hervorgekommen sind, Crujff, Beckenbauer, Pele und wie sie alle heißen, die kommen alle von der Straße oder vom Strand oder irgendwo her von der Wiese — das ist normal."
Sind das die drei Besten von allen, die du genannt hast?
„Ja, aber das sind natürlich Spieler, die auf verschiedenen Formationen spielen. Die kann man nicht vergleichen."
Happels Vater Franz — der Gewichtheber — ist 1,95 Meter groß, ein Bär von einem Mann. Mutter Karoline: klein, eher rundlich. Ernst erzählt mir von seiner Kindheit:
„Mein Vater hat ein Wirtshaus in der Thurngasse im 9. Bezirk — gleich ums Eck von der Berggasse." Berggasse 9, die berühmte Adresse von Sigmund Freud, war von 1932 bis 1954 auch Sitz des ÖFB. *„Ein großes Wirtshaus mit Garten",* erinnert sich Happel. *„Es hieß Salzburgerhof. Manchmal ist mein Vater drei Tage lang abgehaut — und später kamen die Rechnungen von den Innenstadtlokalen."* Aber: *„Einmal waren wir dort mit der Nationalmannschaft vor einem Ländermatch mittagessen."* Fußball und Wirtshaus, der häufige Doppelpaß.
Beide Eltern sind Wirtsleut. Auch die Mutter hat ein Gasthaus: in der Gfrorenengasse, bei der Mollardschule. Jeder will der Stärkere sein. Glückliches Familienleben kennt Happel als Bub nicht, wird zur Großmutter abgeschoben, hört von der Scheidung seiner Eltern. Beide heiraten ein zweitesmal.
Fast niemand weiß, daß Happel einen Bruder hat: Franz, aus zweiter Ehe seines Vaters. Kein Fußballer, andere Interessen, nie Kontakt. *„Er ist schon gestorben."* In den siebziger Jahren, während seiner Feyenoord-Zeit, genau wie

sein Vater, der später den Rathauskeller in Korneuburg übernommen hat – und dort ist er auch gestorben. Ernst fliegt aus Holland nach Wien, erfüllt seine letzten Pflichten als Sohn, arrangiert das Begräbnis auf der Schmelz – die Erbschaft lehnt er ab.
Er hat noch zwei Tanten in Eisenerz und Wien – auch mit Marktstandl. Am liebsten jedoch erzählt er von seiner Oma: *„Sie wurde über siebzig. Bevor ich heiratete, ist sie leider gestorben."*
Wenn ihm die Oma sonntags für die Kirche zehn Groschen mitgab, dann zweigte er sich Geld für Schokolade ab – und warf nicht alles in den Opferstock. *„Die Kirche ist reich genug."* Viel Schokolade?
„Da am Flötzersteig", zeigt mir Happel, *„war vorm Krieg eine Schokoladefabrik. Eingepackt in Stanniol: immer die Fotos der berühmten Fußballer. Ich hab sie alle gesammelt, im Fotoalbum schön aufgepickt und mir alle Autogramme geholt. Schön und sauber, mit weißem Fotostift. Meine Sammlung war komplett – bis zum Sindelar. Leider ist dann im Krieg alles weggekommen. Ich hatte zwanzig Sindelar-Fotos – und sie alle eingetauscht."*
Matthias Sindelar ist die „Mayerling"-Tragödie der österreichischen Fußballgeschichte. Als der (nicht nur von Friedrich Torberg) vergötterte Mittelstürmer des Wunderteams am 23. Jänner 1939 tot aufgefunden wurde: kaum geringerer Schock als über den mysteriösen Tod von Kronprinz Rudolf und Mary Vetsera 1889. Seither reißen die Spekulationen nie ab: Unglück? Giftmord?
Ernst Happel weiß alles, auch die Wahrheit über Sindelars Tod: *„Seine Freundin, eine Jüdin, hatte ein Kaffeehaus. Alles hat man ihr weggenommen – der Hitler war ja schon da. Worauf die beiden beschließen, sich in der Wohnung anzutrinken – und dann das Gas aufzudrehen. Als Hilfe kommt, ist Sindelar schon tot. Seine Freundin atmete noch, aber weil sie Jüdin war, hat man sie sterben lassen. Das weiß ich von sehr authentischen Leuten"*, setzt Happel den Schlußpunkt hinter alle Theorien.
Das Kaffeehaus in der Laxenburger Straße hieß noch viele Jahre lang „Café Sindelar".
Sindelar war Austrianer, Happel schon immer ein Rapidler? So mit grünem Blut? *„Nein, als Bub hab ich für wen ganz anderen geschwärmt – die Admira! Wegen der schönen, weißen Dressen. Und auch der starken Mannschaft. Aber nach Jedlesee war's viel zu weit."* Und Rapid ganz nah.
„Vom Wirtshaus vis-à-vis hol ich immer den Wein für die Oma. Dort sitzt der Rapid-Jugendtrainer Leopold Nitsch. Man hat ihm schon gesagt: Drüben, auf den Gstetten, kickt immer so ein kleiner Blonder, der Talent hat – der Happel Ernst."
Er ist dreizehn, als er bei Rapid vorkickt: auf dem kleinen Platz, im Käfig, Sommer 1938. *„Man schmeißt uns ein paar Bälle zu. Wir sind rund hundert*

Buben." Die besten sechs werden aufgenommen. Happel als Erster: *"Schon damals der Liebling vom Nitsch."* Dann Hujecek, Gsöll, Prak, ein Bub, den Happel als *"Dominik"* in Erinnerung hat, der aber Domnanich heißt (später FAC). *"Und der Robert Körner – grad noch."* Weil Nitsch dem schmalen, blassen Robert sagt: „Du mußt noch viele Knödel essen", trotzt sein jüngerer Bruder Alfred unter Tränen: „Dann bleib ich auch net da!"
Nitsch erbarmt sich: Beide Körner-Buben dürfen bleiben. Robert wird später als Erfinder des „Stanglpasses" (flache Hereingabe zum kurzen Eck) berühmt, Alfred, der Linksaußen, durch wuchtige Torschüsse. Körner I spielt 18mal im Nationalteam, Körner II sogar 47mal – nur vier Länderspiele weniger als Happel.
Körner II erinnert sich: „Wo heute das Hanappi-Stadion steht, war damals eine Baracke. Wir wohnten in Breitensee, Happel bei der Oma. Jeden Tag nach dem Training kommen wir bei einem Obstgeschäft und Pferdefleischhauer vorbei. Wir kaufen eine Pferdewurst für zehn Groschen – und der Happel fladert derweil ein paar Äpfel..."
Manche Daten merkt man sich ewig. Wie den 1. August 1976: Reichsbrücken-Einsturz und Lauda-Unfall auf dem Nürburgring. Oder den 22. Juni 1941: Deutscher Angriff auf Rußland und Endspiel um die deutsche Fußballmeisterschaft im Berliner Olympiastadion.
Schalke 04 gegen Rapid, ein Match wie ein Krimi. Sicher haben die Sportreporter schon damals gedichtet: Spielverlauf wie bei Hitchcock. Die berühmte Schalke-Truppe mit Eppenhoff, Kuzzorra etc. führt 3:0, aber dann dreht Rapid das Match um und gewinnt durch Bombentore von Bimbo Binder (3) und Schors noch sensationell 4:3. Die Fußballwelt steht kopf. Am fünfzigsten Jahrestag (1991) mach ich mit den überlebenden Helden von damals eine Sondersendung.
Aber wie erlebt der 15jährige Happel das Fußballdrama? *"Auch schon im Radio. Es ist heiß, ich lieg im Ottakringer Bad – dort wird das ganze Match über Lautsprecher übertragen."*
Happel ist glücklich für Rapid – und tief beeindruckt von Binder. Fünfzehn Jahre später wird er selber einer anderen Starmannschaft drei Supertore schießen: Real Madrid, im Europacup. Und 41 Jahre später selbst deutscher Meister – als Trainer mit dem Hamburger SV.
Ein ungewöhnliches Fotodokument von damals: „Tag der offenen Tür" in der Breitenseer Kaserne, „Bimbo" Binder in Uniform, Blumenmädchen, Gratistee. Und der kleine Bub in Lederhose, Bauernjanker und weißen Stutzen, der sich vom berühmten Binder ein Autogramm holt, ist Ernst Happel.
Binder ist mit Karl Decker und dem späteren Box-Europameister Joschi Weidinger bei der „MA 17"-Nachrichtentruppe eingerückt. „Aber eine echte Fußballtruppe: Der Oberleutnant ein Vienna-Fanatiker, der Spieß ein Rapidler."

Heute bewacht das Trio – auf großem Foto – im Hanappi-Stadion Fredl Körners Klub der Alt-Internationalen.
Die meisten anderen, wie Max Merkel, sind im Krieg beim LSV Markersdorf: dem Luftwaffenklub bei St. Pölten. Dafür ist Happel noch zu jung. Für Arbeitsdienst und Kriegseinsatz nicht.
Unmittelbare Folge des 4:3 von Berlin: Alle Rapidler werden zur deutschen Wehrmacht eingezogen. „Teamspieler sind mehr gefallen als Rapidler", hat Happel nicht vergessen. Seine Karriere beginnt notgedrungen früh: Am 13. Dezember 1942, gerade 16 geworden, debütiert er vor 3500 Zuschauern gegen den Postsportklub als linker Läufer mit einem 4:4, dann 1:3 gegen den Sportclub. Dann muß auch er in den Krieg.
Die damalige Rapid-Aufstellung: Musil; Kaiser, Nußmann; Uridil II, Hofstätter, Happel; Hofer, Körner I, Dworacek, Gossak, Klaber (Körner II).
Musil wurde später der „ewige Reservist" (für den „Tiger" Walter Zeman). Uridil II war der Sohn des berühmten „Heute spielt der Uridil", Hofstätter erzwang später mit Pepi Argauer das Simmeringer Fußballwunder.
Dworaceks Schlitzaugen täuschten nicht: Japanischer Vater, Wiener Mutter. Und Körner II spielte gegen den zum Sportclub abgewanderten Max Merkel.
Happel macht die Taschner-Lehre in der Lederwarenfabrik Fröhlich in der Hütteldorfer Straße, später Gesellenprüfung, und wird im Krieg zu den Nachrichten-Fernmeldetruppen eingezogen. „*Dadurch weiß ich, wo die Amis sind, wo die Russen, und schlag mich bei Feuer zu den Amis durch.*" Das passiert in Schwerin (später DDR) in Mecklenburg-Vorpommern.
Sein Pech: „*Ich sag zu einem Kameraden, mit dem ich die letzte Ration teil: Wir hauen ab! Leider hört das ein Wiener Emigrant in Ami-Uniform.*"
Worauf Happel für ein halbes Jahr ins Gefangenencamp gesteckt wird. „*Die Amis sind okay, aber die Kanadier brutal. Dauernd das Klicken, wenn sie Gewehre entsichern.*"
Durch den Stacheldraht flüchtet Happel oft ins Dorf, und einmal kommt er nicht mehr zurück: „*Über Friesland schlag ich mich nach München durch, sag: Ich bin in Linz zu Hause, Wiener Straße, weiß natürlich: Wien, Linzer Straße, komm irgendwie über die Enns und bin wieder zu Hause.*"
Happel flüchtet nicht allein: Sein letzter Kriegskamerad ist ein Pole, der später in Wien in einem Palais lebte. Und seine Witwe weiß, daß er auch polnische Fußballer nach Frankfurt und Hamburg vermittelt hat.
Happels erster Weg: zur Oma. Sein zweiter: auf den Rapid-Platz. „*Nach zwei Wochen verletzt sich Rybitzky am Knie, und ich spiel wieder.*"
Am 10. Februar 1946 kann Happel endlich, endlich wieder das grün-weiße Leiberl anziehen – gegen Red Star. Die Aufstellung: Zeman; Happel, Smutny; Hofer, Gernhardt, Prak; Fitz, Körner I, Auredník, Körner II, Kaspirek (der als 40jähriger nach zwei Jahren Pause wieder die Packeln anzog).

THE ROARING FIFTIES

Auf alten 8-mm-Filmen: Rapid-Griffity aus den Fifties. Happel mit Strohhut, mit Affen und Krokodilen, einmal sogar mit einem Hai. Und immer beim Kartenspielen – im Flieger, im Hotel, unter Palmen.
Südamerikatournee. Hitze, Lärm, grelle Farben – und unvorstellbare Fußballeidenschaft. Nicht nur für Hans Krankl waren die Brasilianer immer die Fußballgötter. Exotische Gegner, zum erstenmal: Vasco da Gama, Botafogo, Fluminense, Palmeiras in Brasilien, Nacional und Penarol in Montevideo, River Plate, Millionarios . . . 17 Spiele in vier Wochen.
Die Brasilos wechseln so oft Spieler aus, daß sie ihre Gegner total verwirren. Bis Merkel vorschlägt: „Ihr müßt sie angreifen, ob sie schon schwitzen. Dann wissen wir, ob's ein Neuer ist oder einer, der schon müd ist."
Kicken, Sand, wilde Strände. *„Einer schießt den Ball ins Meer. Ich hau mich sofort ins Wasser, will ihn holen – und schwimm 30 Minuten um mein Leben!"* Die gefährliche Strömung treibt Happel immer wieder vom Strand weg. *„Ich hab richtig Angst!"*
Tausende Menschen ertrinken jährlich an den brasilianischen Stränden. Formel-1-As Gerhard Berger hat die gleiche Panik erlebt wie Happel. Und Weltmeister Nigel Mansell rettete seinen Lotus-Teamkollegen und seinen Lotus-Rennleiter vorm Ertrinken.
„Am Strand, spielen 's noch immer soviel Fußball?" Nein, weniger als früher. Jetzt ist Beach-Volley in Brasilien der große Hit.
In Montevideo werden Trainer Uridil, Zeman und Happel vom Taxichauffeur verarscht und betrogen: *„Er fährt uns im Kreis, dreimal am Hotel vorbei, also zahlen wir nichts."* Riesenskandal, Polizei, Säbelgerassel, ab aufs Kommissariat. Einvernahme, jeder muß seinen Namen angeben. Uridil sagt Uridil, Zeman sagt Zeman, aber Happel sagt: *„Pasterka"*. Der Polizeichef notiert streng, geht telefonieren und kommt ganz bös zurück: „Ich hab im Hotel angerufen. Uridil und Zeman sind dort bekannt, Pasterka nicht. Der muß dableiben!"
Und so muß Happel eine Nacht auf der Polizeistube von Montevideo schlafen . . .
In Kolumbien kracht er mit dem berühmten Alfredo di Stefano zusammen. *„Er foult mich, ich tritt zurück – beide ausgeschlossen. Riesenwirbel im Publikum, Polizei an der Outlinie mit aufgepflanzten Bajonetten, schaut alles bedrohlich aus. Aber wir versöhnen uns – je 20 Dollar Geldstrafe."*
Im Urlaub spielen viele Stars wie Stanley Matthews oder Danny Blanchflower immer „wild" in Kanada. Für Happel nie ein Thema – trotz sehr viel Geld. „Der tschechische Schuhmillionär Bata, ein Emigrant, zahlt alles." Ein Abenteuer jagt das andere.

„Ernst Happel, der Erfolgsmensch, der für manche Unnahbare, war ein sensibler, empfindsamer, vielleicht sogar ein verinnerlichter Mensch. Sogar auf Ungerechtigkeit reagierte er nach außen nie, was manche glauben ließ, er sei unverwundbar. Er war Spiel, war Autorität, aber er schrie nie, war kein Peitschenknaller, sondern konsequent, geradlinig, gerecht. Doch konnte er unerbittlich sein, traf er auf Spieler ohne Charakter, wie er sie nannte. Er forderte Ehrlichkeit im Charakter und in der Leistung." – Aus der Trauerrede von ÖFB-Präsident Beppo Mauhart.

Die späteren Stars sitzen in der 1. Reihe. Mitte: Jugendleiter Vana zwischen Körner II (links) und Happel (rechts), dem Kleinsten. Ganz links in dieser Reihe: Körner I. Links der berühmte Rigo Kuthan, rechts Trainer Leopold Nitsch, der Happel entdeckt hat: Die Rapid-Jugend kurz vor Kriegsausbruch. Bild rechts: Der legendäre „Kanonier" Bimbo Binder in der Breitenseer Kaserne. Und der unerschrockene Bub in der Mitte, der ein Autogramm will, ist natürlich Ernst Happel. Nach 1945 spielten „Bimbo" und „Aschyl" noch oft gemeinsam in der Rapid-Elf. Happel später: „Binder war als Fußballfachmann für mich der Größte!"

Akrobat schööön – schrieb man früher unter solche Fotos. „Habt Ihr damals schon Stretching gemacht?" fragte Prohaska lächelnd. Happel im Derby Rapid – Austria (1950) als Tänzer. Links von ihm Stojaspal, „der seine französische Freundin nimmer auf Besuch mitnahm, weil ich zu ihr sagte: Madame, Ihr Hund ist ein Bastard."

Fußballer von Geburt, aber nicht Rapidler von Geburt, obwohl er am Meiselmarkt, in unmittelbarer Nähe des Rapidplatzes, aufgewachsen war. „Mein Lieblingsklub,.." gesteht Ernst Happel, „war eigentlich die Admira, wegen der schönen, weißen Dressen. Aber nach Jedlesee war's mir zu weit." So sammelte Ernst Happel die Fußballer-

fotos in den Schokolade-Packungen, von Hiden bis Sindelar, und legte tolle Autogramm-Alben an. Erwachsen, spielte er oft genug gegen die Admira. Meisterschaftsspiel Admira – Rapid 1950: Zeman klärt, Happel sichert ab. Es muß für die beiden Freunde ein Alptraum gewesen sein: Admira gewann 5:2.

„Ich hab dem Stojaspal gedroht: Spiel mir ja nicht durch die Beine..." Torregen beim ewigen Derby Austria – Rapid 1950. Zwölf Tore – die Grün-Weißen gewinnen schließlich 7:5. Links: Happel gegen die Vienna. Rechts: Happel gegen Teamrechtsaußen Melchior, der später in Luxemburg Teamchef wurde. Einer der vielen Erfolgstrainer im Ausland.

Urlauber Happel am Millstätter See. Damals fuhr er noch wegen der Rundfahrt und der schönen Landschaft nach Kärnten, später eher wegen dem Casino in Velden. Unten: Zeman und Happel in Heurigenlaune. „Ich war früher immer gern in Gesellschaft, auch in feucht-fröhlicher... aber diesen Sommer trank ich nach acht Jahren zum erstenmal wieder ein Achtel Wein."

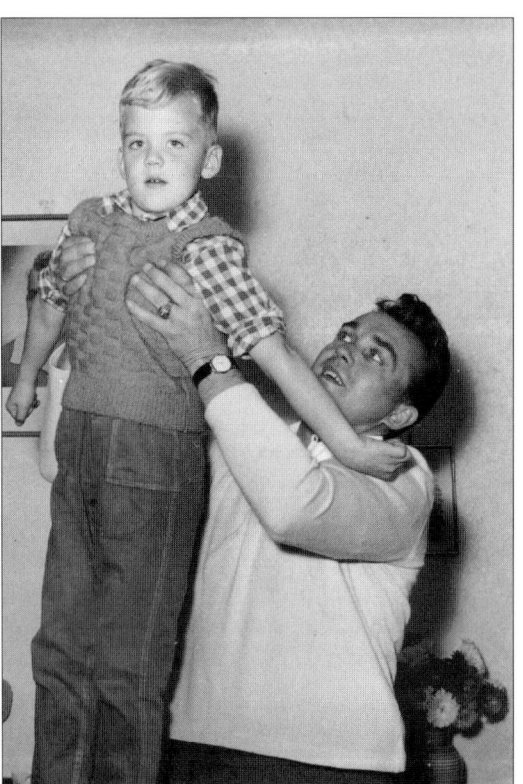
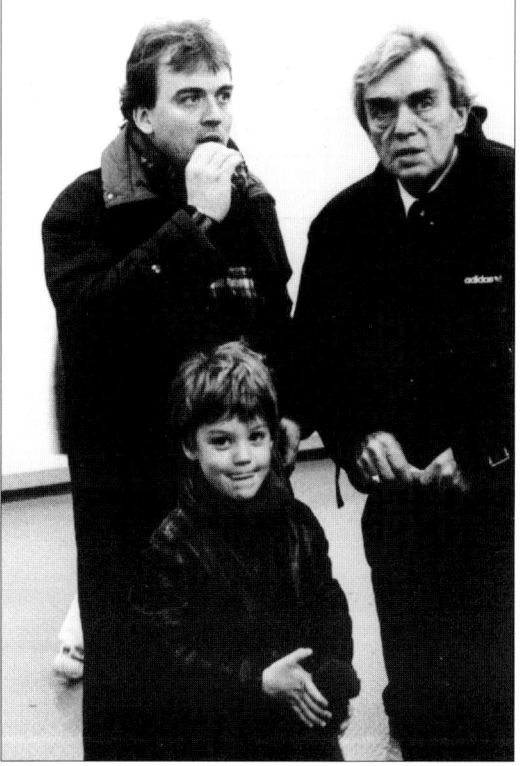

„Rapid war grad Meister geworden, da hatte ich Zeit zum Heiraten." Elfriede Happel hat die 30-Fenster-Villa auf dem Schafberg schon lange in ein Happel-Museum verzaubert. Unten: drei Generationen Happel. Links mit Sohn Ernst jr., der seine eigene Pop-Gruppe hatte, rechts mit Philipp. Happel vergötterte seine Enkelkinder.

Hast du vielleicht Benny-Goodman-Musik da?
Haben wir sicher, warum?
„Den haben wir einmal selbst miterlebt. Er war in unserem Hotel in New York, hat jeden Vormittag geprobt, und da haben wir zugeschaut und zugehört."
Hat er auch selber Fußball gespielt?
„Da muß ich ihn erst fragen, das haben wir nicht diskutiert."
Auf dem Heimflug fällt zwischen Recife und Dakar ein Motor aus – der Pilot muß umkehren. Zurück nach Brasilien, an den Strand. Alle braungebrannt. Happel erinnert sich dunkel an ein Haifischabenteuer: *„Ich bin abgerutscht und brich mir fast den Fuß."*
Aber was Rapid aus Brasilien mitbringt, ist Gold wert: Das „Brasilianische System"!
Der Ausputzer, den du gespielt hast, war ja der Vorläufer des heutigen Libero?
Happel: „Das war der Libero. Statischer Libero. Ich hätte den beweglichen Libero auch spielen können. Es geht nur um die Laufarbeit. Aber taktisch versiert, war ich dafür prädestiniert. Das hat unser Sektionsleiter Bimbo Binder auch erkannt und sofort umgeschaltet: Wir waren die erste Mannschaft, die 1950 in Brasilien gegen übermächtige Gegner spielte und draufkam: Unser Pyramidensystem – zwei Verteidiger, drei Läufer, fünf Stürmer, davon einer zurückgezogen – war nicht mehr aktuell! Da waren uns die Brasilianer schon weit voraus. Wir übernahmen das System, hatten einen Bombenerfolg, von 70 Spielen nur eines verloren – und innerhalb von drei Monaten spielte auch unser Nationalteam mit sechs bis neun Rapidlern „brasilianisch".
Die Rapid-Mannschaft der fünfziger Jahre ist die beste Rapid-Elf, die es je gab: 37 Spiele hintereinander ungeschlagen. 1950/1951 der uneinholbare Torrekord von 133:40 in 24 Spielen – mehr als fünf Goals pro Match! Die Hälfte der Tore schossen Sturmtank Robert Dienst (37), genannt „der Blade", und Erich Probst (29), genannt „Mopsi".
Probst, der seine Gagen in ein Friseurgeschäft steckte, ist jung gestorben. Dienst, der einen Herzinfarkt überlebt hat, feierte mit Stockerau schöne Erfolge, ist Besitzer der „Lenauer Stuben" und wundert sich heute, wenn er Tormann-Attacken im TV sieht: „So wild bin ich die Torleute nie angegangen ... und mich haben's immer ausgepfiffen und gestraft."
Happel dagegen weiß: *„Ich war nie vorm STRUMA. Da hätte ich wen anderen geschickt ..."*
Bevor die Namen in der Statistik vergilben, die Gesichter unscharf werden – das war die große Rapidmannschaft 1950/1951:
Zeman; Merkel, Happel; Hanappi, Gernhardt, Golobic; Körner I, Riegler, Dienst, Probst, Körner II.

Die Zimmerverteilung und Blockbildung: Zeman-Happel, Körner I-Merkel, Körner II-Dienst, Hanappi-Halla. *"Und die Jungen stehen alle hinter mir."*
Die Hälfte der großen Rapid-Elf lebt noch: Musil, Golobic, Gernhardt, Riegler, Halla, Dienst und Körner II.
Der berühmte alte Pepi Uridil war vielleicht kein sehr guter Trainer, *"aber sehr menschlich"*, lobt Happel. Dann kamen Binder/Pesser.
Und erst international: Rapid – Sunderland 2:0 durch zwei Weitschüsse von Hanappi; Rapid – Arsenal 6:1 in Brügge – eine Stadt, die für Happel später noch wichtig wird. Rapid kantert sogar die Lehrmeister von der Insel nieder. Tolle Serie von 1951: Vier Spiele gegen Weltklassemannschaften unbesiegt, *"dann kommen wir nach Graz und liegen 0:3 hinten, retten aber ein 3:3"*.
Besonders gern und viel erzählt Happel von Walter Zeman. *"Mein Tormann, Busenfreund, Schlafgenosse, nur getrennt durch meine 26 Jahre im Ausland. Aber das österreichische Publikum zu meiner Zeit – die wissen ja, was los war."* Ein unglaubliches Duo im Weltfußball: *"Wir haben acht Jahre zusammengespielt, mindestens 35 Matches pro Jahr, viel gewonnen, viel gefeiert. Kennst seinen alten Spruch? Nach Mitternacht trinkt der Tiger nur Champagner ... Wir waren ein unzertrennliches Paar, am Feld und außerhalb."*
Der beste Tormann, vor dem du je gespielt hast?
"Zeman war erstens leichtathletisch durchgebildet von der tschechischen Sokol-Schule: Einer der schnellsten Fußballer, die es je gab. Schneller als Melchior über 100 Meter – wenn's im Training um einen Preis ging. Wenn nicht, hat halt ein anderer gewonnen. Und dann hatte er unglaubliche Reflexe auf der Linie. Beim 1:1 in Budapest haben die Ungarn auf ihn eingeschossen, von drei, vier Metern, unglaublich: Er fliegt von einer Ecke in die andere – und die Ungarn verzweifeln."
Der Tiger von Budapest – der Panther von Glasgow?
"Beim 1:0 auf dem harten Boden: Genau dasselbe. Er hat große Spiele geliefert. Seine Hauptstärke: Die Reflexe und Reaktionen. Enorme Sprungkraft, geflogen wie ein Gummiball, hoch heruntergekommen, hat sich geschmissen und ist gleich wieder gestanden."
Und du als Fußballer: Ein schlampiges Genie?
"Das glaub ich auch. Aber erstens war Rapid damals eine sehr starke Mannschaft. Wenn wir nicht Meister wurden, war es eine verlorene Saison – zweitens waren wir mit neun Teamspielern, neben Honved und der Austria, eine der stärksten Mannschaften in Europa.
Happel als Fußballer? Er hatte den untrüglichen Instinkt, zu wissen, wo der Ball hingeht – und schon vorher dorthin zu rennen. Heute würde man sagen: Antizipation. Perfektes Stellungsspiel, total ballsicher, beidbeiniges Tackling – aber wie schnell? *"Dem Sandor hab ich den Ball meist von hinten weggespitzelt."*

Für viele Experten ist er Österreichs zeitlos bester Verteidiger: Besser als Wunderteamback Pepi Blum oder der legendäre Karl Sesta.
Einmal sitz ich mit Happel vor dem berühmten Wunderteam-Gemälde: Karl Sesta neben Hugo Meisl mit dem Stock.
„Ich hab zum Sesta oft gesagt: Aha, weilst dem Meisl den Stock hältst, hast spielen dürfen ... das hat ihn fürchterlich geärgert!" Oder der ewige Zirkus mit der Prominentenmannschaft: Pimperl, Ex-Rapid-Verteidiger, kurz auch GAK-Trainer, laut Happel *„mit einer sehr schönen Ägypterin verheiratet"*, will mitspielen, was Sesta verhindert: „Pimperl ist kein Alt-Internationaler." Darauf wird Sesta gefragt: „Wo willst spielen, rechts oder links? Weil der Happel ist ja beidbeinig ..."
Im aktuellen Sportstudio des ZDF – das vor 30 Jahren die Schußwand erfunden hat – trifft Happel einmal vier Bälle ins Loch. *„Aber der Beckenbauer hat alle fünf geschafft."*
Und wie war das mit dem berühmten Wettschießen: Coca-Cola-Dose auf die Querlatte, und wer sie als erster heruntergepfeffert? Angeblich, um deinen Spielern Respekt aufzuzwingen?
Happel dementiert: *„Das war als Spieler, nicht als Trainer, und ging immer um eine Wette: Wer als erster zehn Cola-Dosen runterschießt."*
Wieviele Versuche hast du benötigt?
„Normal nur zwanzig Schüsse für zehn Dosen, net mehr. Aber eine gute Übung ist auch, vom Fünfer genau vis-à-vis der Stange, den Ball an die Stange zu placieren. Mit dem Spann, also nicht innen, sondern außen." Jetzt wissen wir ein paar Geheimnisse mehr.
Das Duell Rapid – Austria hat seinen ewigen Zauber. Als ich Happel das berühmte Foto zeig, auf dem er wie ein Solotänzer das Bein hochreißt, wirft Herbert Prohaska ein: „Trainer, es muß auch damals schon Stretching gegeben haben ... sonst Muskelriß." Ein Schnappschuß vom 7:5 im Jahr 1951.
„Wieso weißt du das?" Leicht zu merken: Es war das 75. Derby.
Im Hintergrund des Fotos lauert Stojaspal.
„Dem sag ich einmal vorm Match: Trau dich ja nicht, mir den Ball durch die Beine zu spielen! Ich bring dich um!"
Dabei sind er und „Stoissi" die besten Freunde. Ich hab Stojaspal jedes Jahr in seiner „Bar de Vienne" von Monte Carlo getroffen – inzwischen hat er sie verkauft. Und wann immer Stojaspal Happel besucht – ab jetzt ohne seine französische Freundin. *„Ich hab zu ihr gesagt: Madame, Ihr Hund ist ein Bastard. Seither ist sie bös auf mich."*
Bei aller Rivalität: *„Nach jedem Match gehen wir gemeinsam zum Heurigen, Rapidler und Austrianer. Das gleiche beim traditionellen österreichisch-ungarischen Osterturnier: In Wien sitzen wir nachher bei den Schrammeln, in Budapest bei der Zigeunermusik."*

Rapid – MTK 5:4, Honved – Austria 7:6, Kopfballtreffer von Sandor Kocsis in der letzten Minute – das gibt's nie wieder. Oder wie Happel immer sagt: *„Lieber verlier ich 6:7 als 0:1. Den Zuschauern zuliebe."* Und das Geld ist immer gerollt.

„Die heutigen Fußballer", mahnt Happel, *„sollen mehr Schwarzbrot, weniger Schnitzel essen."* Es geht ums Geldverdienen.

Wieviel kassieren die Rapid-Stars der fünfziger Jahre?

„10.000 bis 13.000 Schilling im Monat", rechnet mir Happel vor. *„Das kannst mit 10 multiplizieren. Ohne Steuer, ohne Krankenkassa – die mußte ich später für sieben Jahre nachzahlen."* Und die Extra-Gage für die langen Südamerika-Tourneen? *„Nix extra für 17 Spiele in vier Wochen, nur die Prämien. Aber dann, 1954, macht sich ein neuer Sekretär bei uns wichtig: Du kriegst 17.000 Schilling fürs Hinten-Herumstehen und Handheben wegen Abseits – und der Hansi Riegler, der soviel mehr rennt, als du, nur 13.000."* Als, ganz tolpatschig, das intern-geheime Gagensystem bei Rapid aufliegt, *„kommt's zum Aufstand. Jeder hat einen eigenen Vertrag, der wieder die anderen nix angeht"*. Und wie gestaffelt? *„Am meisten verdient Gerhard Hanappi. Dann komm ich. Dahinter Walter Zeman und Poldl Gernhardt."*

„Aber die Fußballer in den dreißiger Jahren", rechnet mir Happel vor, *„haben im Verhältnis noch mehr verdient als wir – am meisten von allen: 300 bis 400 Schilling im Monat. Der Sindelar sogar 1000 Schilling. Für ein Schnitzel mit Bier hast damals einen Schilling gezahlt."*

Ferenc Puskas hat mit seiner Salamifabrik in Spanien viel Geld verloren. Viele deutsche Fußballer mit „Bauherrenmodellen". Aber ausgerechnet Happel, der Gambler und Hasardeur, scheut beim Geldanlegen immer jedes Risiko. *„Lieber immer sichere acht Prozent."* Und was wir ihm nicht alles andrehen wollen: *„Aktien für Kupferbergwerke, für Goldminen in Südafrika, 16 Prozent am Dollar ... ich sag immer nur: Nix für mich, abtreten, du Zauberer!"*

Apropos, Zauberer.

Längst weiß jeder, daß „Aschyl" nichts mit Achillessehne zu tun hat, außerdem nicht griechisch ist, sondern türkisch. Aber warum Happel wirklich „Aschyl" heißt, da muß ich die Fußball-Geschichtsschreibung korrigieren.

Ernst, erzähl selber.

„Wir spielen mit Rapid in Istanbul, vier Matches, wohnen über der Brücke – auf der asiatischen Seite. Ich kenn mich überhaupt nimmer aus: Ich nimm einem Türken den Ball weg – Riesenapplaus. Ich foul einen Türken – die Leute jubeln. Ich zeig ihm die Faust – und das Stadion tobt vor Begeisterung. Aber wehe, ein Türke foult mich, dann wird er gnadenlos ausgepfiffen."

Warum, das erfährt Happel erst nach Matchende: *„Da kommen die Fotografen und hängen mir Schlangen um den Hals. Ein Zauberer versteckt mir*

ein Hendl unterm Hemd, geht weg, ich hör plötzlich ein Piepsen – er hat das Hendl unter meiner Achsel vergessen."
Tags darauf sehen die Rapidler den Zauberer mit den Glubschaugen, der Happel ein bißl ähnlich schaut, im Kino. Er heißt „Aschyl" – und Happel ab jetzt genauso.
Ich hab heute noch meine Autogrammhefte mit den Unterschriften der Stars aus den „Roaring Fifties". Und seh den jungen Happel noch vor mir, eingekeilt vorm Stadion oder auf der Pfarrwiese: Blond, weißer Trenchcoat, elegant, ein leiser Hauch von Hollywood. Nie hat er einen Autogrammjäger weggeschickt. Mädchen schon gar nicht. *„Wir hatten schon früher die Groupies. Die rannten uns Fußballern nach wie heute den Popstars."*
Die Ur-Rapidler der fünfziger Jahre müssen die totale Macho-Partie gewesen sein. Der erste wacht mit einem Mascherl an seiner Manneszierde auf: „Das", grinsten seine Kameraden, „hast heute nacht beim Preis ... Schnapsen gewonnen." Der zweite feiert seine feucht-fröhlichen Feste in einer Wohnung ohne Vorhang – vis-à-vis vom Gemeindebau. Dann packt er ein Leintuch und nagelt es mit der Gabel auf den Fensterstock. Der dritte taucht tagelang bei der Freundin im Badener Strandbad unter und entschuldigt sich treuherzig vorm Training: „Ich hab was getrunken ... und konnte nicht Autofahren."
In den fünfziger Jahren sind die meisten Rapidler bei der NÖ-Landesregierung angestellt – einige wenige haben ab 1950 ihre eigenen Toto-Annahmestellen. Happel residiert im Restaurant Jäger in der Westbahnstraße, aber meist am Kartentisch. Mit den Reporterstars von damals: *„Heribert Meisel, der Grauschimmel (Studynka), die Wimmer-Buam, Fahrensteiner, Graf, Dr. Lang, Benesch, Stecewicz."*
Oben das Gasthaus, unten der Jägerkeller und der Sparverein, und überall Rapid: Die große Familie, die irgendwann auseinanderfällt, und der Besitzer begeht später Selbstmord.
Happel bleibt nicht ewig. Als ihn Real Madrid kaufen will, ist er 26. *„Zwei Jahre fehlen mir wegen der Auslandsklausel des ÖFB: Vor 28 darf keiner ins Ausland."* Daraufhin kaufen die „Königlichen" den Stopper der „Urus", der wie das Schiff von Columbus heißt – Santamaria.
Happel segelt auch: In den Hafen der Ehe.

Der schüchterne, blonde Gerhard Hanappi hat seine Waltraud kennengelernt, als er auf dem Weg zu einem Match nach Graz am Semmering übernachten mußte. Der fesche Ernst Ocwirk seine Martha, eine Handball-Nationalspielerin, durch den Sport. Und der lebenslustige Happel seine Elfriede beim Geschirrkaufen.
Elfriede Kogler ist Tochter eines Weltkrieg-Marineoffiziers, HAK-Absolven-

tin, Dekorateurin im Geschirrgeschäft Kompit in der Weyprechtgasse in Ottakring – und Fußballfan. „Jeden Montag hol ich vom Rapid-Sekretariat im Café Erber die Matchkarten für Sonntag." Bimbo Binder hat gerade die Kantine auf der Pfarrwiese gepachtet, braucht manchmal Gläser und Teller, und Happel geht mit ihm einkaufen. So passiert's.
„Der gefällt mir. Den will ich und keinen anderen!" hat Elfriede, erzählen Freunde, immer gesagt. „Sie heiratet ihn, bevor er es gewußt hat."
Die ersten Zeitungsausschnitte sammelt ein Rapid-Faktotum, der Herr Hamacek. Als Happel heiratet, trägt er alles zu Elfriede „Heben S' alles gut für ihn auf."
Hochzeit ist Sonntag vormittag. Der Happel-Trauzeuge heißt Sarg, ist Rapid-Funktionär, Schweizer und Geschäftsführer von Opel Kandl. *„Die Meisterschaft ist fertig, Rapid ist Meister – und ich geh nur zum Bankett nimmer",* erzählt Happel knapp.
Aber die Hochzeit am 14. Juni 1952 ist viel turbulenter. Als Ernst und Elfriede den Termin fixieren, liegt Rapid sechs Punkte vorn. Plötzlich holt die Austria auf. Die Meisterschaft steht auf Messers Schneide. Samstag ist Hochzeit, 3000 Happel-Fans in der Karlskirche. Sonntag das letzte Match GAK-Rapid in Graz.
Trauzeuge Sarg sagt das Bankett ab. „Keine Hochzeitstafel, nix." Keine Hochzeitsreise, erst viel später ein paar Tage am Attersee: Schon Dienstag drauf fliegt Happel mit Rapid drei Wochen auf Tournee in die Türkei.
Und seine frischangetraute Ehefrau geht zum Happel-Vater in den „Salzburgerhof" mittagessen, setzt sich in den Garten und stellt sich ihrem Schwiegerpapa artig vor: „Grüß Gott, Herr Happel, ich bin die, die Ihr Sohn vorgestern geheiratet hat."
„Wegen dem", brummt Vater Happel, der Stemmer, „müssen S' Ihr Schnitzel
Aber später lädt er seine Schwiegertochter doch ein.
Happels Vater war gar nicht bei der Hochzeit. „Aber seine Mama schenkt uns einen wunderschönen Perserteppich und einen Kinderwagen."
Am 26. Mai 1953 kommt der kleine Ernstl.
Happel erfährt's über Lautsprecher in der Halbzeitpause. *„Aber welches Match, kann ich mich nimmer erinnern."*

BUSENFREUND MAX MERKEL

Merkel und Happel nebeneinander: wie Hund und Katz. Grotesk, was sich abspielt. Im Pariser „Parc des Princes", gegen das französische Nationalteam, gehen Happel und Merkel mitten im Match bös aufeinander, gleichzeitig vom

Platz. „Seid's teppert?" brüllen Binder und Pesser von der Outlinie rein, „sofort zurück – alle beide!"
In Kopenhagen, beim Match gegen das dänische Nationalteam (7:1), verschwindet Happel allein. „Geht in die Kabine, ein Cola trinken, und kommt wieder", schimpft Merkel. Nur wenige wissen von Magenproblemen, die Happel schon als Rapidspieler hat. *„Manchmal muß ich Milch trinken – dann geht's wieder."* Oder hat sich ihm Merkel so auf den Magen geschlagen? Merkel glaubt, daß er wenig verdient: „Nur 6000 Schilling für 17 Spiele in Südamerika. Ein Kilo Schmalz kostet damals 400 Schilling." Eifersüchtig?
Das Rapid-Abwehrspiel reflektiert MM: „Die hohen Bälle köpfel schon ich weg. Hätt ich dem Happel nicht soviel Arbeit abgenommen, wär ich nicht so viel für ihn gerannt – er wär viel früher gestorben."
Happel nimmt – mein Eindruck – Merkel als Fußballer nicht ernst, auch wenn der „Lange" einmal sogar im Team spielt.
Woher kommt Eure Feindschaft, die immer so heiß diskutiert wird?
„Na ja, er war immer schon, als Spieler, wie er neben oder vor mir gespielt hat, mein lieber Busenfreund ... Hat sich über die Jahrzehnte gehalten."
Endlich, für Happel, verschwindet Merkel: Abschiedsspiel mit Rapid – Fluminense, 1954. „Nach fünf Minuten: Corner für uns. Sag ich zum Hanappi: Schropp, geh zurück, ich mach jetzt ein Tor." Prompt köpfelt MM den Eckball ins Netz, trabt stolz zur Mittellinie, hebt beide Arme: „Schöner kannst nicht abtreten!" Dann geht er allein in die Kabine – und heult.
Die nächsten drei Jahre ist Merkel Rapid-Sektionsleiter. Und trifft Happel so wie Gefängnisdirektor „Fatso" (Ernest Borgnine) in „Verdammt in alle Ewigkeit", der schmächtige Frank Sinatra eingeliefert wird. Rapid, backstage: „Als ich die Mannschaft zum Training rausschick, durch den berühmten Tunnel, sag ich: Happel, du bleibst da! Und pack ihn: Du hast alle Schlechtigkeiten der Welt ... aber als Fußballer bist du genial. So begnadet wie Mozart für die Musik. Aber wenn man bei dir bei einem Ohr reinschaut, sieht man beim anderen wieder raus. Nix im Schädel." Das ist heavy.
Als holländischer Nationaltrainer gelingt Merkel später ein Sensationserfolg in Düsseldorf: 2:1 gegen Weltmeister Deutschland, allerdings durch eine mysteriöse Gelbsucht-Epidemie geschwächt. „Sicher ist Happel eifersüchtig, daß ich schon vor ihm in Holland Erfolg hab. Und in Deutschland mit Nürnberg."
Ist das alles?
Merkel: „Man hat sich nicht geliebt. Ich hab auch andere Interessen: keine Karten, kein Casino."
Happel ist vornehmer. Während Merkel später respektlos von „Beethoven in der Endphase" redet, schimpft Happel nie.
„Na ja, der Merkel, der Merkel ist der Merkel, und ich bin der Happel. Und es ist nicht immer gesagt, daß ein guter Trainer auch ein guter Fußballer ge-

wesen sein muß. Es kann auch ein schlechter Fußballer ein guter Trainer sein..."
Wen meinst du damit?
„Na, du weißt schon, wen."

CHERIE BITTER: HAPPEL UND DIE WM

Manche Sportler merkt man sich ewig. Das erste Mal, daß ich Happel Fußball spielen seh: 1950, Österreich – Schweiz im Stadion. Eine 3:0-Führung verjuxt, 3:3. Bereits Happels 16. Länderspiel, neben ihm debütiert, sehr blond, sehr aufgeregt, der junge Karl Stotz (damals FC Wien) – mit ein paar Kicksern, die Happel ausbessert, „Stimmt, Happel war sehr hilfreich", bestätigt Stotz.
Was nicht alle wissen – Happel als Olympiateilnehmer! London, 1948: *„Leider verlieren wir das erste Match gegen Schweden gleich 0:3, sind ausgeschieden – aber ich bleib noch 14 Tage in London und schau mir die Olympiade an. Leichtathletik, vor allem."* Als Herma Bauma die Goldmedaille im Speerwerfen gewinnt, ist Happel im Wembley-Stadion live dabei.
1953, beim Jubiläumsspiel England – FIFA-Team, leider nicht.
Treffpunkt ist Zürich. Zeman, Happel und Hanappi spielen vorher mit Rapid in Moskau: 1:2 gegen Dynamo Moskau mit dem legendären Tormann Lew Jaschin, dem Happel ein Freistoßtor schießt, und 4:0 gegen Spartak Moskau. *„Danach fliegen wir drei mit einer Sondermaschine nach Budapest, von dort nach Zürich."*
Fliegen, damals gefährlich? Der AC Torino zerschellte 1949 auf den Hügeln von Superga. Manchester United verlor 1958 beim Münchner Absturz die halbe Mannschaft.
„Die Stewardess hat nur Bier and Bord. Als wir in Zürich landen, schnuppert Walter Nausch, unser Teamchef und Selektionär, sofort: Wer hat da eine Fahne?"
Nausch, der Holländer Lotsy und der Deutsche Bauwens haben die undankbare Aufgabe, das FIFA-Team aufzustellen. Österreich hat kurz zuvor die starken Portugiesen (mit Travassos und dem späteren Austria-Legionär Aguas) 9:1 aus dem Praterstadion geschossen – darum sechs Österreicher im Kader.
Beim Probespiel gegen FC Barcelona in Amsterdam (3:2) wird noch der ganze Österreicher-Block ausprobiert: Zeman; Stotz, Happel; Hanappi, Ocwirk, Brinek. Kubala spielt je eine Hälfte für Barcelona und fürs FIFA-Team. Das Match wird eine Niederlage für Happel – weil er gar nicht spielt. *„Wegen der Systemfrage: WM oder Ausputzer? Und wer spielt gegen den berühmten Dribblanski Stanley Metthews?"* Nausch bringt, wie befürchtet, nur drei Öster-

reicher durch: Zeman im Tor, Hanappi gegen Matthews und natürlich Ocwirk, den Kapitän. Der Holländer ist gegen Happel! Als rechter Verteidiger wird der Spanier Navarro eingeschleust, macht schreckliche Fehler. Stopper ist der Deutsche Jupp Posipal, ein gebürtiger Rumäne aus Siebenbürgen. Dem System fallen unsere Innenverteidiger zum Opfer – der Österreicher-Block ist gesprengt.

Für Stotz trotzdem „ein Traumerlebnis, schon allein auf der Ersatzbank zu sitzen – aber zumindest der Happel hätte reingehört!" Happel blieb immer fair: „*Posipal hätte auch Ausputzer spielen können, ich bin nicht bös.*"

So spielt das FIFA-Team: Zeman (Beara); Navarro, Hanappi; Cajkovski, Posipal, Ocwirk; Boniperti, Kubala, Nordahl, Vukas, Zebec. – Und die Engländer: Merrick; Ramsey, Eckersley; Wright, Ufton, Dickinson; Matthews, Mortensen, Lofthouse, Quixall, Mullen.

Es regnet Tore: Kubala 0:1, Mortensen 1:1, Boniperti 1:2, Boniperti 1:3, Mullen 2:3, Mullen 3:3, Kubala 3:4 – und nur ein geschenkter Elfmeter in der letzten Minute, verwandelt vom späteren Teamchef und „Weltmeister 1966", Alf Ramsey, rettet das 4:4.

England behält seinen stolzen Heimrekord, gegen Kontinentalmannschaften ungeschlagen, ins nächste Jahr, wird aber dann von den Ungarn in Wembley 6:3 und in Budapest sogar 7:1 zertrümmert.

Fußnote zum 4:4: Tags darauf, nach dem Frühstück, steht Nausch mit Stotz und Happel vorm Hotel, als gerade Posipal nach ganz offensichtlich durchfeierter Nacht auftaucht.

„Jupp, wo waren Sie denn?" fragt Nausch entsetzt.

Darauf der schlaue Posipal: „Trainer, ich bin an der Busstation in der Schlange gestanden, und Sie wissen ja, wie lang das in London dauert."

Worauf Happel zum erstenmal wieder lacht: „*Guter Schmäh. Ist nicht einmal mir noch eingefallen.*"

Sein Über-Drüber-Name, wie man heute sagt, stammt von der Reporterrunde im Gasthaus Jäger: „Der Wödmasta" – ohne daß er es je wirklich wird, aber einmal fehlen nur 10 Zentimeter. Ernst Happel und die Fußball-WM: Eine bittersüße Love-Story, unvollendet.

WM 1950 in Rio: Der ÖFB hat kein Geld und gar nicht gemeldet: Noch keinerlei TV-Beteiligung, Brasilien ist weit und teuer. Das Sparen rächt sich bitter, denn 1950 ist Österreich die Nummer 1 in Europa: 1:0 gegen den zweifachen Weltmeister Italien. 5:3 gegen Ungarn, die danach 32 Länderspiele ungeschlagen bleiben – bis zum 2:3 von Bern 1954. 7:2 gegen Jugoslawien. Nur 3:4 in Budapest – weil Puskas kurz vor Schluß im Fallen das Siegestor schießt. 5:1 gegen Dänemark. Und 1:0 in Glasgow gegen Schottland – der erste Sieg einer Kontinentalmannschaft. Schade um 1950.

Vier Jahre später, 1954. Das Team schießt sich ein: Sensationell 7:0 gegen den berühmten AC Milan mit dem schwedischen Innentrio Gren-Nordahl-Liedholm, Vorläufer der holländischen Achse Rijkaard-Gullit-van Basten 35 Jahre später.
Und große Happel-Show tags darauf beim letzten Probespiel auf dem Innsbrucker Tivoli:
„Unser Trainer, Edi Frühwirth, hat die B-Garnitur aufgestellt. Wir sind zuerst auf der Bank gesessen, Halbzeit 6:0, und wir haben dann gespielt das Eselsspiel, vier gegen zwei. Ich hab gar keine Schuhe mitgehabt, es war ja gar nicht die Absicht, daß wir spielen. Na, und das Publikum hat halt gewisse Namen gerufen, dann haben sie den Ball konfisziert und wir den Eindruck gekriegt, daß jeder Tiroler da ein Andreas Hofer ist. Jetzt hat uns Frühwirth natürlich ins Spiel geschickt. Auf einmal steht's schon 12:0. Ocwirk hat im Mittelfeld gespielt, ich bin hinten der Ausputzer, und sag zum Ossi: ‚Paß auf, gib mir jetzt knapp vor Schluß einen Ball zurück, ich hau dem Tiger einen rein!' Ossi spielt mir den Ball zu, ich renn zurück zum Sechzehner, hau drauf. Wie's der Teufel haben will: Die große Attraktion, der Ball geht aufs Innenstangl, hinter Zeman, und dann ins Netz. Aber das Kuriose: Ich hab eine Verwarnung gekriegt – wegen Spielverderb. Das Publikum hat natürlich applaudiert, und dann sagt der Zeman zu mir: ‚Den hätt ich mit dem Kappel rausgehaut.'
Na, sag ich, sei froh, daß i dich net am Kopf erwischt hab, sonst wärst du tot gewesen!"
Und später spottet Happel: *„Was bist du: Der Panther von Glasgow? Der Tiger von Budapest? Das Arschloch von Hütteldorf bist!"* So deftig reden Rapid-Freunde miteinander.
1954 wird Österreichs erfolgreichste WM aller Zeiten. Aber zuerst nicht mit Zeman im Tor, sondern Kurt Schmied hinter Happel.
„Ein hart erkämpfter 1:0-Sieg gegen Schottland auf regennassem Boden, aber ein müheloses 0:0 gegen die CSSR, weil unsere Torjäger Probst und Stojaspal in Hochform waren", erinnert sich Tormann Kurt Schmied ans Präludium zum vielleicht abenteuerlichsten Match der ganzen WM-Geschichte – die „Sonnenschlacht von Lausanne", Österreich – Schweiz.
„Das Schlimmste, was ich je mitgemacht hab', fürchterlich. 40 Grad Hitze! Der Schweizer Weltklassemann Bocquet litt noch lang unter seinem damaligen Sonnenstich, ich hatte auch einen – nur hab' ich's nicht gewußt..."
„Schwierige Situation: Dein Tormann, der nicht voll bei Bewußtsein, also hirnmäßig nicht da ist", erinnert sich Happel. *„Jeder Schuß auf ihn ist ein Tor. Der Schmied weiß nicht, ob er steht oder liegt – und ich muß Ausputzer spielen und zweiter Tormann."*
Schmied: „Ab der 13. Minute (Rückstand 0:3!) hab' ich das ganze Match nur

verzerrt, verschwommen, wie durch einen Schleier miterlebt. Pepi Ulrich, unser Masseur, stand neben mir, mit Eisbeuteln und nassen Fetzen, behandelt mich dauernd, bis er schreien muß: ‚Ins Tor zurück, die kommen schon wieder!' Happel dirigiert mich: Rauslaufen, jetzt raufspringen, Achtung rechts, Ball von links usw. In der Pause (wir führen Gott sei Dank schon 5:4) bekomm ich vom Arzt eine Injektion, damit ich weiterspielen kann – Austauschen war damals verboten.
Wie's weiterging hat man mir erst am Abend erzählt. Und dabei verschoß Robert Körner bei 4:3 noch einen Elfer!"
Was Happel verschweigt: Bei 6:5, vier Minuten vor Schluß, stoppt er im Strafraum eine Flanke mit dem Hintern, der Ball springt ihm weg, Jacky Fatton marschiert durch, Pepi Ulrich brüllt auf, Fatton bombt – wie in Trance greift Schmied mit einer Hand aufs Kreuzeck, fischt den Ball heraus. Im Gegenstoß das erlösende 7:5. Österreich ist im Semifinale. Und die „Sonnenschlacht von Lausanne" heute noch Rekord: 12 Tore in einem WM-Spiel hat es nie wieder gegeben.
Eine so peinliche Niederlage wie gegen Deutschland – sagt Happel – *auch nicht. Ich weiß, ich rühre in alten Wunden. Aber wie war das wirklich?*
„Als wir ins Halbfinale aufgestiegen sind, haben wir natürlich viele Telegramme bekommen. Da bekommst schon die Ganslhaut, also wir waren fest überzeugt. Und dann passiert uns das 1:6 gegen Deutschland. Eine der größten Schlappen, die ich je mitgemacht hab. Speziell noch bei einer WM, und ausgesprochen gegen die Deutschen – gegen die Deutschen haben wir nie etwas gewonnen mit der Nationalmannschaft. Mit Rapid haben wir keine Schwierigkeiten gehabt, aber mit dem Team vor 60.000 Zuschauern im Wiener Stadion 80 Minuten auf ein Tor gespielt und auch 2:0 verloren – also die sind uns irgendwie nicht gelegen. Dann war nämlich, unter anderem, ich noch total außer Form. Verschiedene andere Spieler auch, die will ich nicht mit Namen aufzählen. Dann ist natürlich der Zusammenbruch gekommen."
Gegen Deutschland spielt Schmied auf ärztlichen Rat nicht, auch Zeman ist verletzt, wir gehen 1:6 unter.
Was war schuld damals, hat man zuviel trainiert, zu wenig?
„Nein, glaub ich nicht. Das konnte man damals wissenschaftlich noch nicht eruieren. Haben wir da zuviel trainiert? Zuwenig? Oder ist es an etwas anderem gelegen? Ich kann mir das nicht vorstellen."
Aber unser Team macht gegen Uruguay alles gut: Zwei Tore von Ocwirk, 3:1-Sieg, 3. Platz! Ein Erfolg wie nie zuvor, nie danach – aber ohne Happel! Als der Sportreporter Sepp Graf an die Kabinentür klopft, bleibt sie versperrt. Drinnen sitzt Ernst Happel und weint Tränen vor Wut und Zorn. Aus der Mannschaft gestellt, vom kleinen Finale ausgesperrt – für ihn spielt der junge Bandy Kollmann von Wacker. *„Er hat es ganz gut getan."*

Die deutschen Sensations-Weltmeister sind bis auf Tormann Turek und Verteidiger Kohlmeyer noch alle am Leben. Bei den Ungarn haben Herzschläge die halbe Mannschaft hinweggerafft. „Das 2:3 von Bern", gesteht mir Tormann Grosics fast 40 Jahre danach, „tut immer noch weh. Oft wach ich deswegen in der Nacht auf."
Als unsere Mannschaft – immerhin WM-Dritte – am Wiener Westbahnhof ankommt, knallen Happel schon böse Schlagzeilen entgegen: *„Österreich von deutschen Industriellen bestochen, muß ich da lesen, und: Zeman, Happel, danke für das 1:6! Da schnapp ich mir auf alle Fälle sofort meinen Buben, du weißt ja nie bei den Menschen – aber die Menge ist nicht so bös wie heut."*
Der ÖFB – weil noch nicht so umsichtig geleitet wie heute – vergißt 1979 aufs 25-Jahr-Jubiläum. Aber die Prämien für den 3. Platz weiß Happel noch lang: *„Je 38.000 Schilling. Für den WM-Titel je 80.000 Schilling – heute das zehnfache Geld. Haben wir alles mit Direktor Frey ausgehandelt."*

DER RAUBERSBUA VON UDDEVALLA

Vier Jahre später: „Die WM in Schweden 1958 kam für uns zwei, drei Jahre zu früh", erinnert sich Hansi Buzek (heute wohlbestallter Juwelier in Baden). „1960/1961 hatten wir Hof, Rafreider, Nemec usw. und sind die Nummer 1 in Europa – 1958 aber haben wir keine Standardmannschaft, nichts Eingespieltes, gegen die UdSSR z. B. stürmt Senekowitsch auf Linksaußen!"
Schon die Qualifikation bringt gegen Holland ein Elferdrama – Penalty in der letzten Minute, geschossen von Karl Stotz, 3:2-Sieg.
Es wird immer nervenaufreibender. Vor der WM, im Trainingslager Obertraun, teilen die drei Rapidler Happel, Hanappi und Halla mit dem Grazer Teambaby Helmut Senekowitsch (später Teamchef 1978) ein Zimmer: *„Wir sagen zum Seki: Bleib drin und sperr von innen zu, wir hauen ab."*
„Als wir zurückkommen, sagt uns Seki als erstes: Der Argauer war da! Nächsten Tag, beim Frühstück, hör ich schon im Lautsprecher: ‚Der Spieler Happel sofort zu Herrn Argauer.' Na, und dann haben wir halt geredet..."
In Schweden haben wir Lospech: In einer Gruppe mit den drei stärksten Teams: Brasilien, UdSSR, England. Nicht nur für Happel *„die stärkste Gruppe, die es für Österreich je gegeben hat."*
Gegen Brasilien erzwingen wir ein Cornerverhältnis von 10:1, stürmen pausenlos – aber die Tore schießen die Brasilos aus klassischen Kontern. Mazzola (der später in Italien Altafini heißt) fällt zweimal auf Happels Abseitsfalle nicht rein – 0:3, obwohl wir dauernd überlegen sind.
„70 Minuten lang in der Offensive – und trotzdem verloren", erinnert sich Happel. *„Dabei hat Pele gegen uns noch gar nicht gespielt – sein Stern geht*

erst später bei dieser WM auf. Gegen uns halten sie ihn noch für zu jung."
Die Brasilianer geben später zu: „Österreich war auf dem Weg zum WM-Titel der schwierigste Gegner von allen!"
Für Happel jedoch ist das Brasilien-Match *„und alles, was danach den Ausschlag gibt, ein bißchen irritierend. Ich glaub auch, daß die Zusammensetzung der Mannschaft schlecht ist. Und dann hab ich irgendwelche Kontroversen mit Herrn Argauer."*
Die Story ist geheim, aber verbürgt: Vorm zweiten Match gegen die Sowjetunion seilt sich Happel – mit verknüpften Leintüchern auf der Außenfassade und über die Feuerleiter – aus dem Mannschaftsquartier in Uddevalla zusammen mit zwei Kollegen ab. Kein neuer Trick: Den hat auch Sepp Maier schon ausgepackt.
Pech, das Happel hat: Zufällig fährt gerade der berühmte Sportreporter Heribert Meisel mit seinem VW-Käfer die Serpentinen nach Uddevalla hoch, Mitternachtssonne ist auch, und tags darauf liest man im Kurier vom „Ausreißversuch der 3 H."
Als Happel um halb drei ins Quartier zurückturnt, flammt in seinem Zimmer plötzlich Licht auf: Teamchef Josef Argauer hat wie in einem Mafia-Film im finsteren Zimmer seinem Star aufgelauert.
„Wo kommst du her?" tobt Argauer.
„Ich bin spazierengegangen..." erzählt Happel.
Darauf flucht und verwünscht ihn Argauer mit dem klassischen Satz: „Wenn du einmal Trainer wirst, dann wünsch ich dir von ganzem Herzen einen solchen Raubersbua als Spieler, wie du einer bist!"
Argauer heute: „Ich hab noch einen zweiten erwischt, sag aber nicht, wer das war."
Er stellt Happel gegen die UdSSR aus der Mannschaft. Peinlich – *„weil es mein 50. Länderspiel gewesen wäre. Alle hatten mir schon gratuliert, Rapid sogar ein Telegramm geschickt."* Happel weiß, daß er nach der WM *„mit Rapid noch fünf Wochen unterwegs sein wird"*, und geht zum Präsidenten, Baudirektor Ing. Hans Walch: *„Lassen 'S mich nach Hause fahren! Aber der Präses ist dagegen, ich muß dableiben, und die Journalisten fordern alle: Gegen England mußt du wieder spielen."*
Gegen die UdSSR bekommen wir beim Stand von 0:1 prompt einen Elfer zugesprochen. Erster Elferschütze Happel – nicht da. Zweiter Elferschütze Buzek, „aber ich hab Angst, sag zum zehn Jahre älteren Fredl Körner: ‚Ich trau mich nicht, schieß du.' Aber der geht einfach weg."
Happel erlebt das alles von draußen mit: *„Ich bin normal der Freistoß-Schütze, der Elfmeter-Schütze – und die Älteren drücken sich vor der Verantwortung... Gut, ich hab auch schon Elfer verschossen, aber höchstens bei 5:0. nie bei 1:0 oder 1:1, da war er immer sicher drin. Jetzt aber lassen*

sie den jungen Buzek schießen, dem spielen natürlich die Nerven nicht mit – aber das kann man auch nicht verurteilen."
Buzek läuft an, der berühmte Tormann Jaschin („die Spinne") steht einen Meter vor der Linie – abgewehrt. Endstand 0:2.
Dafür verabschiedeten wir uns ehrenvoll: 2:2 gegen England, ein sehr gutes Match. Viele erinnern sich heute noch an Karl Kollers Bombentor. Happel: *„Gutes Match, guter Abgang – wir hätten auch gewinnen können."*
Wie hast du das Finale miterlebt? Brasilien – Schweden 5:2 mit dem grandiosen Match von Pele? *„Im Fernsehen."*
Jahre später leistet Happel bei Argauer leise Abbitte: *„Ich hab jetzt den Spieler, den du mir gewünscht hast: Wim van Hanegem."*
Argauer war damals, 1958, Sportredakteur des „Expreß", Gerd Bacher sein Chefredakteur, und ich sein jüngster Reporter. Ich weiß, daß ihm Bacher Sonderprämien bot, falls Argauer „die ganze Wahrheit über Schweden" schreiben wollte. Er lehnte strikt ab – warum soll man jetzt alles verraten?

ESSEN MIT DER LOLLOBRIGIDA

Im Casino von Vichy hat Happel Spielerpech: Er muß bei Rapid Vorschuß nehmen. Da kommt das Angebot von Racing Paris 1954 genau richtig. „25.000 Dollar", verrät er.
„Ich war der erste und einzige europäische Spieler, der damals ins Ausland gegangen ist. Ich hab den Libero-Posten gespielt. Es war ein Ausputzer, mehr statisch eigentlich, ich bin nur bei den Standardsituationen vorgegangen. Ich war eigentlich der Mann, der hinten die Abwehr organisieren mußte. Ich bekomm ein Handgeld von 25.000 Dollar – in Österreich hätt' ich mir nie eine Existenz aufbauen können. Ich hab gut gelebt, muß ich sagen, konnte mir aber eine Existenz schaffen mit dem Arabia-Geschäft, das natürlich heute schon wieder verkauft ist – weil ich dann ja Trainer geworden, marschiert bin – ich war ja 26 Jahre im Ausland. Aber für diese Zeit war das damals für einen Abwehrspieler viel Geld. Man muß das umrechnen, heute ist es das Zehnfache!"
Das „Stade de Colombes" ist das Gemeindestadion, Racing spielt im Prinzenpark: Acht Tennisplätze, Schwimmbad, Golfplätze. *„Ich geh aber lieber ins Kaffeehaus, oder in die Brasserie.*
Trainingslager in Nantes – dort schneit's. Flucht nach Israel – dort regnet's. Also machen wir unser Trainingscamp meist in Cannes."
Damals, vor fast 40 Jahren, war der „Parc des Princes" außer Fußballstadion auch Velodrom: Auf der Radrennbahn endete jedes Jahr die Tour de France.

Racing-Trainer ist der Linzer Gustl Jordan, einer von drei Österreichern, die im französischen Nationalteam gespielt haben: Jordan selber, der vom LASK zum FAC gekommen war, am häufigsten (18 Mal), Heini Hiltl (WAC) zweimal. Aber der berühmteste war unbestritten Wunderteamtormann Rudi Hiden. Für Arsenal London bekam er keine Arbeitsgenehmigung, für Racing Paris schon.
„Der Hiden, hat mir Gustl Jordan erzählt, war ein rücksichtsoser Tormann. Der hat bei Flanken auch gleich die Köpfe attackiert. Nicht nur von den Stürmern, sondern auch gleich von seinen eigenen Verteidigern."
Ich lernte den Wunderteamtormann später in Neapel kennen: Als „Gästebetreuer" des FC Napoli kümmerte er sich damals im „Messestädte-Cup" (heute längst UEFA-Cup) um den Wiener Sportclub. Damals hatte er schon ein Bein verloren – wie der legendäre UdSSR-Wundertormann Lew Jaschin, wie der ungarische WM-Torschützenkönig Sandor Kocsis.
Die Standardmannschaft von Racing: Vignal; Lelong, Marche; Mahjoub, Happel, Boulet; Grillet, Cisowski, Huber, Amalfi, Curyl. Dazu kommen Dubreux und Juirilli.
Vignal, Marche, Mahjoub, Grillet, Cisowski, Curyl spielen regelmäßig im französischen Team, Amalfi ist Nationalspieler in Uruguay.
„Wenn der Uru nicht da ist, spiel ich zurückhängender Mittelstürmer. Montag haben wir immer frei. Da geht die Mannschaft immer Golf trainieren – ich spiel aber viel lieber Karten."
Starke Einzelspieler, aber *„leider ist die Mannschaft nie kompakt"*. Besonders der glatzköpfige linke Verteidiger Roger Marche – auch Teamkapitän – intrigiert gegen den Österreicher. „Was ist das für ein Spiel, wenn ein Abwehrspieler die Bälle direkt nach vorn schlägt und das Mittelfeld ausläßt?" kritisiert er, altmodisch. Happel muß auf allen Positionen spielen – und ist überall brillant.
Viele Österreicher folgen ihm 1955/1956 nach Frankreich: Huber, Stojaspal, Kominek, Aurednik, Brinek, Bokon, Habitzl – und Karl Decker, er erinnert sich: „Happel ist um Klassen besser als Marche, da sind Welten dazwischen. Der Marche ist gegen den Ernstl nur ein müder Abklatsch." Decker erinnert sich an ein direktes Duell mit Happel: „Ich mit dem FC Sochaux gegen Racing Paris. 3:2 für uns, ich schieß alle drei Tore. Paris – für Happel wie „Stille Tage in Clichy" oder ein Fest fürs Leben wie bei Hemingway?
„Mehr eine Star-Mannschaft als eine kollektive. Da sind Spieler dabei, die brauchen einen Ball mit einem Henkel, die spielen da 90 Minuten nur für die Galerie. Amalfi, der Südamerikaner: Ein ausgezeichneter Fußballer. Mahjoub, der Algerier: Perfekt am Ball, viel Laufarbeit. Cisowski, der Mittelstürmer: Ein Pole. Der Linksaußen Curyl: Auch ein Pole. Also, verhältnismäßig – spielerisch gesehen – eine starke Mannschaft. Das ist aber nie her-

ausgekommen. Na, und der Spitzenklub damals war mit Abstand die beste Mannschaft: Reims. Mit Kopa, mit Jonquet – die waren in einer bestimmten Perfektion, damals unschlagbar in den zwei Jahren."
Bei Metz stürmt der Ex-Wacker-Rechtsaußen Bokon. Vorm Match Racing – Metz in Paris schlägt er Happel vor: „Wir haben doch die gleichen Siegesprämien – machen wir fifty-fifty: Dann hat jeder was davon." Happel lehnt ab: *„Wie kann ich bei einem Heimspiel fifty-fifty machen?"* Also abgelehnt. *„Dann verlieren wir 1:0 – und der Bokon schießt auch noch das Tor."*
Aber Happel hat sich auch gemerkt: *„Paris hat immer ein neutrales Publikum. Wenn der Gegner besser spielt, gehen sie ins Lager des Gegners über. Das ist dann fast kein Heimspiel mehr. Also: Positive und negative Punkte. Auf alle Fälle war ich wieder froh, als ich dann in Österreich weiter gefußballt hab . . ."*
„Paris ist keine Stadt für Fußballer, weil du so viele Möglichkeiten hast. Und wenn du im Ausland bist, willst du natürlich auch das kennenlernen und mitmachen."
Happels Pariser Adresse: Bois der Boulogne, Rue de la Reine, Filmstudio.
„Ich konnte ins Filmstudio auch hinein. Da waren immer Filmstars, bei uns unten im Restaurant: Gina Lollobrigida, Jean Gabin, Jean Marais usw."
Kamen die Filmstars auch zum Fußball?
„Kann sein. Das weiß ich nicht. Aber ich hab mit ihnen regelmäßig '21 gespielt – Carte vent-et-une – für einen Aperitiv vorm Essen. Und dann war ein Würfelspiel, ein französisches, eine ganz interessante Angelegenheit."
Hat dich die Lollobrigida beeindruckt?
„Na, ich hab mit ihr einmal gegessen. Sie hat das Kind mitgehabt, ihr Mann, Mirko Skolic, war nicht da. Dann war unser Kindermädchen dabei. Und der Präsident von Racing hat dort auch verkehrt. Und da hatte ich die Möglichkeit, daß ich mit ihr einmal essen kann. War sehr amüsant!"
„Immer dasselbe", erinnert sich Elfriede Happel. „Ich hab oben in der Wohnung das Essen fertig, aber der Ernstl sitzt unten und redet mit der Lollobrigida mit Händ und Füß."
Die langen Spaziergänge im Bois de Boulogne sind wunderschön. Das Haus am „Ronde Point de la Reine" liegt ideal. „Das Staatsbegräbnis von Präsident Coty sehen wir von unserem Fenster aus: Drei Stunden Trauerzug."
Für den kleinen Ernstl hat Happel ein Kindermädchen engagiert: Keine rassige Französin, sondern eine 18jährige Burgenländerin. *„Aber als wir einmal in der Nacht heimkommen, trifft mich der Umschlag: Genau überm Kinderbett hängt ein Tuch auf der Lampe – und brennt bereits. Am nächsten Tag schicken wir das Mädel nach Hause."* Ab jetzt greifen die Omas ein.
„La serie rose avec Monsieur Happel!" huldigen ihm die Zeitungen. Und trauern, als er geht: „La serie noire sans Monsieur Happel." Die schwarze Serie – ohne ihn.

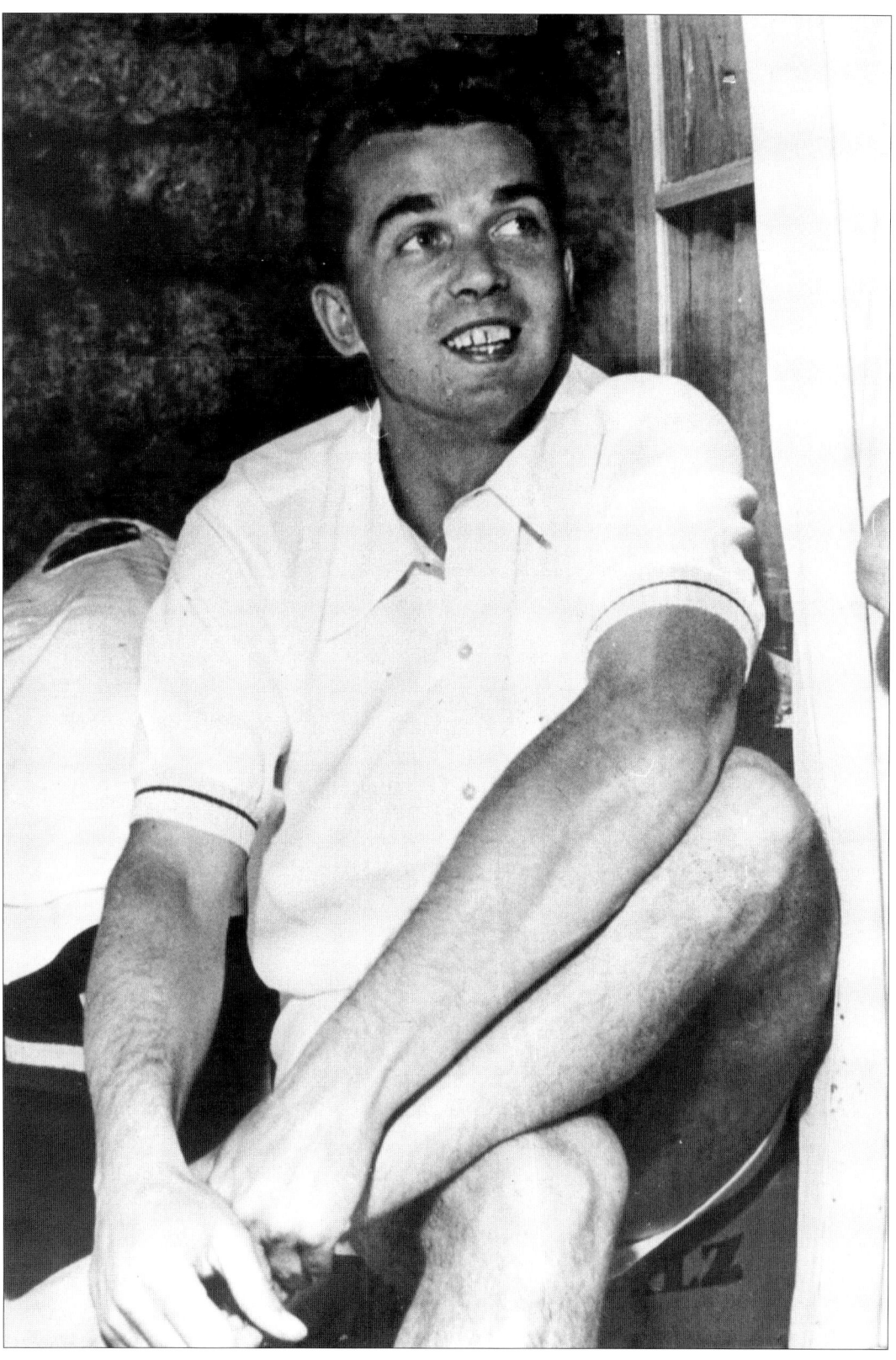

„Ich liebe schlitzohrige Fußballer, die ein gewisses Phlegma haben. Wenn ich einen sehe, der Ideen und Akzente setzt, lacht mir das Herz!" Genausoeiner war Ernst Happel, hier bei der WM 1954 in der Schweiz. Österreich wurde WM-Dritter, aber Happel sperrte sich in der Kabine ein und weinte, weil er im kleinen Finale zuschauen mußte.

Teamtraining 1957: Vorne Barschandt und Happel, dahinter Koller. Unten: Happels 13. Länderspiel am 25.9.1949 in Wien gegen die Tschechoslowakei, aber für den fanatischen Roulettespieler eine Glückszahl: Österreich gewann durch Tore von Decker (2) und Huber 3:1.

„Ich war nicht bös, aber traurig.":Sechs Österreicher in der FIFA-Auswahl gegen England 1953, aber drei mußten zuschauen, auch Happel. Stehend von links: Capello, Zebec, Vukas, Brinek, Boniperti, Posipal, Ocwirk, Nordahl, Happel. Hockend: Hanappi, Beara, Lamberts, Cajkovski, Zeman, Stotz. Bild unten: Österreich – Wales 2:0, links Hanappi, rechts Happel (1954).

„Prost, Aschyl!" „Prost, Ossi!" Zwei der besten Fußballer, die Österreich je hervorgebracht hat, bei einer Faschingsfeier in den fünfziger Jahren: Ernst Happel und Ernst Ocwirk, der „Modellfußballer" und zweifache Kapitän des FIFA-Teams, beim 4:4 in London und beim 4:1 in Belfast. Happel verkörperte den Rapid-Kampfgeist, Ocwirk symbolisierte die Eleganz der Austria. „Daß Grün-Weiße und Violette nach dem Match gemein-

sam zum Heurigen gingen, war damals völlig normal." Happel spielte Ausputzer oder „statischer Libero", Ocwirk war der letzte große offensive Mittelläufer. Nach der WM 1954 wechselten beide ins Ausland: Happel zu Racing-Paris, Ocwirk zu Sampdoria-Genua.

Er wußte immer, wohin der Ball kam, und war schon vorher dort. Glänzendes Stellungsspiel, beidbeiniges Tackling, totale Ballsicherheit prägten Happel als Verteidiger. Oben im Luftduell mit dem späteren Juventus-Präsidenten Boniperti (Österreich Italien 1:0, 1950, rechts Ocwirk). Unten klärt Happel vor Budai (Österreich – Ungarn, 0:1, 1954, links Ocwirk).

„Gratuliere, Aschyl!" Staatsligapräsident Egon Selzer beglückwünscht Happel zum 50. Länderspiel bei der WM 1958 in Schweden gegen England (2:2). Ein verzögertes Jubiläum, denn gegen die UdSSR (0:2) hatte Pepi Argauer den lebenslustigen Happel aus der Mannschaft gestellt – weil er über Feuerleiter aus dem Teamquartier ausgerissen war: „Ich wünsch dir, wenn du Trainer wirst, als Spieler ein solches Gfrast, wie du eins warst!" Neben Happel: Kozlicek II, Senekowitsch, Körner II. Unten: Happel mit Jugoslawien-Kapitän Zebec (links) und Halla (rechts).

Sag zum Abschied leise servus – aber mit einem Goal! Happel krönt sein 51. und letztes Ländermatch gegen Jugoslawien (14.9.1958) mit einem Tor. Trotz Badewetter und Messesonntag kamen 75.000 ins Praterstadion. Happel hörte als Rapid-Spieler mit einer Niederlage auf, als Teamspieler auch (3:4) – aber dafür als ÖFB-Teamchef mit einem Sieg

Es hat ihn nach Hause gezogen, zurück zu Rapid. Aber davor muß er noch am Meniskus operiert werden – bei Prof. Mandl. *„Meine einzige Sportverletzung. Sonst war ich nie verletzt, meine ganze Karriere nicht."* Ein Wunder, bei seinem totalen Einsatz.

Das erste Europacupfinale – 1956 – sieht Happel im Parc des Princes auf der Tribüne: Stade Reims führt 2:0, aber Real Madrid gewinnt 4:3 – und kommt bald nach Wien.

TORE, DIE MAN NICHT VERGISST

Es gibt Tore, die man nie vergißt. Das „dritte Tor" von Wembley 1966, Klaus Fischers Piola-Rückzieher. Lothar Emmerich aus spitzem Winkel gegen Spanien. Maradonas Sololauf gegen England. Marco van Bastens Volleytor im EM-Finale 1988.

Oder Happels drei Tore gegen Real Madrid, als der Europacup beginnt, uns alle zu faszinieren.

Rapid wird gegen das „weiße Ballett" von Real Madrid ausgelost und hält sich in Madrid tapfer: Obwohl Superstar Alfredo di Stefano „mit einem 5:0 oder 6:0 gerechnet hat" – nur 4:2 durch Tore von di Stefano (2) und Marsal (2) bzw. Dienst und Gießer. „Im Rückspiel zwei Tore aufholen, ist fast unmöglich", fürchtet Trainer Merkel, rechnet aber nicht mit Happel. Der macht die Flutlichtpremiere im Stadion zur perfekten Happel-Show. Noch jahrelang hält sich die Mär: Happel hat dem spanischen Tormann Alonso die Hand zerschossen.

„Ich muß aber sagen: Real ab der 5. Minute mit nur zehn Mann, weil Dienst den Stopper verletzt hat. Austausch ist damals noch verboten!" Aber dann geraten die „Königlichen" unter den Happel-Bombenhagel, als wollte er sie strafen, weil sie nicht zwei Jahre länger auf ihn gewartet haben. Bitte, schilder deine Tore selbst.

„Das 1:0 ist ein Freistoß knapp außerhalb des Sechzehners, gut getroffen, kleiner Tormann, genau ins Kreuzeck.

Das 2:0 ein Elfer, den trag ich an mitten ins Tor: genau über dem Kopf des Tormanns, der hat den Ball nicht einmal gesehen, ganz sicher net.

Und das 3:0 ist wieder ein Freistoß, den hab ich drübergeschupft. Dann schieß ich noch einen indirekten Freistoß an die Stange. 15 Minuten vor Schluß steht's immer noch 3:0 für uns. Dann haut der spanische Rechtsaußen eine Flanke rein, di Stefano steht außerhalb des Strafraums, macht Flic-Flac, einen Scherenschlag – und der geht genau ins Kreuzeck. Beim Training hab ich zugeschaut, wenn di Stefano seinen Flic-Flac trainierte: Von zehn sind acht danebengegangen. Ausgerechnet gegen uns trifft er..."

Mit der Auswärtstorregel wäre Rapid aufgestiegen, *„aber die gibt's 1956 noch nicht. Wir könnten losen, aber das Los auch verlieren. Also ein drittes Spiel, und das verkaufen wir nach Madrid".* Jahrelang wird über diesen Kuhhandel diskutiert, sogar der ÖFB protestiert gegen Rapid-Manager Schick. Happel klärt auf: *„Wir verabredeten 60:40-Einnahmenteilung, aber 60 Prozent für uns. Also verdient Rapid mehr als Real, über eine Million Schilling – obwohl wir rausfliegen."*
Schon nach 30 Sekunden wird Halla von Gento überlaufen, und Joseito schießt das 1:0. Kopa später das 2:0. Happel wird ausgeschlossen. Das Match geht in einem Stein- und Flaschenhagel zu Ende. Rapid will abtreten, in die Kabine flüchten, aber Max Merkel hat zugesperrt.
Real Madrid wird die große Wundermannschaft mit fünf Europacuptriumphen hintereinander, und Rapid scheitert ein Jahr später am AC Milan – wieder im dritten Spiel, diesmal in Zürich.
Den Europacup, der ihm als Spieler nicht vergönnt war, holt sich Happel dafür zweimal als Trainer. Als Rapid-Sektionsleiter noch nicht.
Der Skistar Bernhard Russi wollte „nie wissen, wann ich mein letztes Abfahrtsrennen fahr". Sein Abtritt kam ganz automatisch. Bei Niki Lauda dagegen strategisch geplant. Aber Happel?
Am 18. April 1958 trägt Happel zum letztenmal den Rapid-Dress – 20 Jahre nachdem er und die Körner-Buben dem Jugendleiter Nitsch vorkicken haben dürfen. Wie sein zweites Rapid-Match: gegen den Sportclub. Und wieder verliert er – 2:3.
„Aber ich hab nie gewußt, daß es mein letztes Match ist, ein offizielles Abschiedsspiel nie gehabt. Das war damals noch nicht so." Für Rapid ist es noch heute nicht so: Krankl wartet schon jahrelang auf seine große Abschiedsgala.
„Ich werde Sektionsleiter. Robert Körner der Trainer. Aber als sein Bruder Alfred meutert: Ausgerechnet der Happel soll uns ab jetzt Disziplin beibringen? berat ich mich mit dem Robert: Besser, wenn er geht." Happel spielt *„hopp oder tropp: Ich bau die Jungen ein: Glechner, Skocik, Flögel – und viele mehr".*
Kann man sagen: Der Spieler und der Trainer Happel – zwei völlig verschiedene Personen?
„Gott sei Dank, das gehört dazu. Die Trainer hatten es mit mir auch nicht leicht. Und ich kenn natürlich alle Tricks, alle Schliche der Fußballer."
Manchmal brodelt's in der Mannschaft. Und während einer Tournee in New York die große Explosion: „Grad du, so wie du als Spieler warst, willst uns Disziplin beibringen?" Von Happel prallt die Frage ab: *„Ich steig auf den Tisch, hau auf den Tisch und sag: Wem's net paßt, der fliegt!"*
Als Sektionsleiter und Trainer hat er die besten Rapid-Vorbilder. Der beste Trainer, den du je erlebt hast? *„Für die Kondition Hans Pesser! Dank ihm*

dominiert Rapid jahrelang, dann der Sportclub 1958/59, und auch die Admira wird mit ihm noch Meister. Aber vergiß den Sportclub: Nur zwei Jahre vorn, Rapid jahrzehntelang!"
Und der für dich größte Fußballfachmann?
"Bimbo Binder! Er weiß, sieht und erkennt alles. Net nur das brasilianische System."
Stürmender Außenverteidiger (Happel nennt sie später „Flügelverteidiger") hatte schon Edi Frühwirth 1952 bei Wacker. Aber als Helenio Herrera bei Inter seinen linken Offensivverteidiger Fachetti präsentiert, wird das als Weltneuheit gefeiert.
Kaum ist Happel Sektionsleiter, führt er – mit Robert Körner – Rapid als erste österreichische Mannschaft ins Europacup-Semifinale. Gegen die berühmte Benfica-Mannschaft, erstes Spiel in Lissabon.
„Ich hatte Angst", gesteht Happel 30 Jahre später. *„Wenn wir hoch verlieren, kommen in Wien keine Zuschauer. Also klopf ich beim Benfica-Trainer Bela Guttmann an: Ob ein Platztausch möglich wäre? Aber Guttmann beschwört mich: ‚Ganz unmöglich! Wissen Sie, die Portugiesen sind streng katholisch, sagen: Das Los ist vom Himmel so gewollt – das darf man auf Erden unmöglich korrigieren.'"*
Rapid verliert prompt 0:3, und Happel bewundert Germano: *„Das ist ein Super-Libero!"*
Vorm Rückspiel meldet sich bei ihm ein Wissenschaftler, *„der allen meinen Spielern den Bio-Rhythmus ausrechnet – damals was völlig Neues. Ich schick ihn nicht weg, hör ihm zu. Den schlechtesten Bio-Rhythmus, rechnet er aus, hätten Zeman, Hanappi und Dienst – die müßte ich also aus der Mannschaft werfen. Stell dir vor, was für ein Skandal . . ."*
Den gibt's trotzdem wegen eines gestohlenen Elfers. Rauferei, Abbruch, Endstand 1:1.
Und aus dem Sektionsleiter wird der Trainer Happel.
Viele sagen dir gnadenlose Härte nach. Wie kommunizierst du eigentlich mit deinen Spielern?
HAPPEL: Am Anfang ein bißchen intensiver. Damit sie einmal wissen: Was will der Trainer? Das kapieren sie beiläufig nach einem halben Jahr. Dann muß ich die Theorie mit der Praxis koordinieren. Aber ich bin kein Bla-Bla-Redner. Was andere in einer Stunde erzählen, dafür brauch ich fünf Minuten.
Damit kommen wir zu den großen Trainingsgeheimnissen des Ernst Happel. Könntest du – zum erstenmal – drüber reden?
HAPPEL: Ich bin zu 80 Prozent Praktiker, 20 Prozent sind Theorie. Aber meine Trainingsmethodik ist nicht identisch mit der Wissenschaft. Ich hab mich oft mit Professor Kliesing und anderen Experten unterhalten – widersprechen können sie mir nicht. Denn ich arbeite nach meiner Manier, sie

nach ihrer Methode. Sonst steh ich ja fünf Stunden beim Training auf dem Platz, und meinen Fußballern übersäuern die Muskel.
Das sture Rundenlaufen ist ja längst vorbei?
HAPPEL: Da mußt die Richtung ändern, sonst kriegst den Drehwurm ... Konditionstrainer brauch ich das ganze Jahr keinen, außer in der Vorbereitung, aber ja nicht monoton – ich hab genug Bücher zu Hause, über Jahrzehnte gesammelt, mich weitergebildet. Und dann spricht das Gefühl bei mir. Wenn ich ein Programm zusammensetz, konditionell und Laufarbeit, hat es bestimmte Ruhepausen. Bei zweimal Training: Mindestens vier Stunden dazwischen Ruhe. Oder wenn ich Sprints über 50, 30 oder 20 Meter ansetze, je nachdem, ob ich im Moment gerade Schnellkraft oder Ausdauer trainier und ich seh, daß fünf genug sind, dann mach ich keine acht. Ich brauch mir ja nur die Spieler anzuschauen.
Das sagen deine Kicker alle, ausnahmslos: Daß ein Blick vom großen Meister genügt, und er weiß alles. Dein Rezept?
HAPPEL: Man muß in erster Linie menschlich arbeiten, mit gewissem Respektabstand. Ich bin kein Freund der Spieler, im intimen Sinn gesagt, sondern ein bißchen auf Distanz.
Austria-Präsident Joschi Walter hat einmal behauptet, Fußballer gehörten immer wieder nur getreten?
HAPPEL: Ich kann den Spieler nicht in den Arsch treten, heute mit 66 überhaupt nicht. Da wird er früher mich treten als ich ihn. Andererseits brauchst einen Fußballer auch nicht streicheln, das ist auch nicht immer gut. Lieber dich in ihn hineindenken: Wie pack ich ihn am besten? Mental erziehen mußt du Fußballer auch, damit sie Charakter kriegen – sonst bleiben sie ewig bei der Mutter auf der Brust. Im Fußball wird man Woche für Woche vor neue Tatsachen gestellt, da mußt du blitzartig entscheiden – manchmal mit Fingerspitzengefühl.
Einer deiner Tricks: Deine Stars ignorieren, nicht aufstellen, heiß und ungeduldig machen, daß sie dann, beim nächsten Mal, endlich wieder im Einsatz, Glanzleistungen bringen?
HAPPEL: Das ist bei mir so: Von einem Könner, der unbegrenzte Fähigkeiten hat, verlang ich auch Abnormales. Von einem durchschnittlichen Spieler verlang ich weniger. Darum werde ich, wenn ein Fußballer von Format die Leistung nicht bringt, stinksauer. Darum hab ich immer, bei allen meinen Mannschaften, bei den Stars begonnen. Denn einen jungen Spieler anpacken, ist keine Kunst. Ich hab viel Verständnis für junge Spieler, die können bei mir alles machen, nur eines müssen sie: 90 Minuten arbeiten, laufen, bis sie umfallen. Ich hab nur vier Worte: Laufen, laufen, laufen – und das vierte Wort ist die Disziplin.
Berühmt für den Trainer Happel ... Und die Konsequenzen?

HAPPEL: *Ich hab meine eigene Methodik. Der primäre Punkt: Im Moment, da er keine Leistung bringt, hat der Spieler keine Chance. Ich hab weder Sympathien noch Antipathien, mir gefällt oder imponiert der eine oder in seiner Spielweise, aber ich mach keinen Unterschied. Mir ist jeder gleich lieb und wert. Aber bei Kontroversen muß entweder er gehen oder ich – das hab ich bei jedem Verein so gehandhabt.*
Worauf achtest du, wenn du neue Spieler kaufst?
HAPPEL: *Grundbegriff ist das Konditionelle. Dann kommt die Taktik. Dann das Schwerste – die Technik. Er muß so versiert sein, daß du sagen kannst: Der hat Fußball im Kopf, hat Phantasie, kann improvisieren, überraschende Akzente setzen – dann mußt du ihn ung'schaut nehmen!*
Sterben die Fußballgenies nicht langsam aus?
HAPPEL: *Ich fürchte schon, daß die Spieler von einem gewissen Format – prozentabel gesehen – immer weniger werden. Heute haben die meisten jungen Spieler, technisch gesehen, irgendein Gebrechen. Aber heute haben die Jungen auch ganz andere Möglichkeiten, als zu kicken – das muß man auch einrechnen. Aber es gibt noch immer Talente.*
Dein eisernes Grundprinzip?
HAPPEL: *Es geht immer nur darum: Bringt der Spieler die Leistung, mußt du als Trainer 100prozentig hinter ihm stehen. Bringt er sie nicht, kannst du nicht hinter ihm stehen. Und damit ist eigentlich schon alles gesagt.*
Suchst du, bewußt oder unbewußt, nach Fußballern, wie du selber einer warst?
HAPPEL: *Na, erstens einmal war ich selber schwierig. Ich kenn die ganzen Schliche von den Spielern, die ganzen Schlitzohren kenn ich. Dann komm ich vom Praktischen, und da fällt einem das eigentlich leichter. Über 50 Jahre in der Materie aufgewachsen, von Kindheit an selbst gespielt auf einem hohen Niveau, immer in einer Spitzenmannschaft, renommierte Klubs gehabt, im Ausland große Fußballer von einem bestimmten Format unter meinen Fittichen gehabt – ich könnte da drei Teams aufstellen mit den Spielern, die ich gehabt hab. Wer halt erfahren ist, sich auskennt auf diesem Gebiet und vom Praktischen kommt, ich bin ja kein Theoretiker – den beutelt man das so aus dem Arm heraus, das ist überhaupt keine Angelegenheit.*
Die Schlitzohren, die „Ausg'schwabten", wie man in Wien sagt: Deine Lieblingstypen?
HAPPEL: *Ich liebe Spieler, die phlegmatisch sind, aber der Spieler, der phlegmatisch ist, der muß viel können.*
Was würdest du heute mit einem Kicker machen, der sich traut, bei 15:0 ein Eigentor zu schießen?
„*So überlegen gewinnt heute keiner mehr. Die Spiele enden alle knapper. Aber wenn einer bei 5:0 unnötig riskiert und es geht dann 5:1 aus – meinetwegen. Aber dieser Spieler, der riskiert, muß schon sehr viel können*..."

II. Gipfel

Bundeskanzler Franz Vranitzky wird später, 1992, sagen: „Man spricht heute viel von einem offenen, von einem grenzenlosen Europa. Für Ernst Happel war Europa bereits grenzenlos, als noch kaum davon die Rede war: mit der größten Selbstverständlichkeit Wiener, Österreicher, und entweder auch Belgier, Holländer oder Deutscher. Happel, somit auch das Musterbeispiel eines österreichischen Europäers, der mit großem Engagement und mit Professionalität dort ans Werk geht, wo er gebraucht wird. Dem es dabei aber niemals Schwierigkeiten gemacht hat, sich zu seinen Wurzeln zu bekennen und zu deklarieren, wo sein Herz schlägt."

Zuerst ist er Holländer. 1963: Erstes Auslandsengagement bei ADO den Haag – permanent abstiegsgefährdet. *„Aber die Spitzenklubs, Ajax, Feyenoord oder PSV Eindhoven, sind für mich als jungen Trainer am Anfang ja noch unmöglich."*

Die Holländer, merkt Happel bald, *„sind die Chinesen von Europa"*. Mentalitätsunterschied? *„Wenn ich einem österreichischen Fußballer was sag, ist er im Keller. Der Holländer aber geht trotzig weg, mit dem Kopf durch die Wand, und schwört sich: Dem Trainer zeig ich's!"*

In den Haag beginnt er wie bei Rapid: *„Ich hau die halbe Mannschaft raus, rette den Verein vorm Abstieg und komm sechsmal ins holländische Cupfinale. Ajax und Feyenoord zittern schon jedesmal, wenn's gegen ADO geht."* 1968 zu Recht: Happel ist holländischer Cupsieger. Und plötzlich machen sich viele wichtig.

Bevor Happel kam, kämpft ADO immer nur gegen den Abstieg. *„Plötzlich werden wir Dritter, aber mehr kann ich auch nicht herausholen."* Happel lobt seinen Tormann: *„Wo immer der Ball hinfliegt, ist er schon da."* Manche Funktionäre auch.

Nach sechs Jahren – 14. März 1969 – kündigt Happel bei ADO. „Wegen schwerer Auseinandersetzung mit dem Klubvorsitzenden", wie es amtlich heißt.

„Ich hatte natürlich ein Angebot von Feyenoord, trotz Meistertitel und Cupsieg, also Double. Ich hab Feyenoord bekommen, gleich den Europacup gewonnen und den Weltcup – dann war der Weg für mich schon gewiesen. Das ist einmal so im Fußball."

Eins der großen Erfolgsgeheimnisse von Feyenoord sind die Trainingsspiele. Happel läßt z. B. auf sechs (!) Tore spielen, was blitzschnelles Umdenken verlangt, sobald der Weg versperrt ist. Oder er befiehlt, daß nur die Vertei-

diger oder Mittelfeldspieler die Tore schießen dürfen – das erfordert wieder irrsinnig kraftraubende Sprints und lange Wege.
Torschützenkönig bei Feyenoord ist der Schwede Kindvall, aber dann folgt schon Ex-Rapidler Franz Hasil aus dem legendären Mittelfeldtrio mit Wim Jansen und Wim van Hanegem.
„Im Training fliegt Hasil gegen Israel und Lazeroms vier-, fünfmal durch die Luft. Er hat wirklich Angst", bestätigt Happel. *„Und glaubt: alle sind gegen ihn."*
Nach den nächsten Attacken der Firma Israel & Lazeroms beschwert sich Hasil bei Happel.
„Hau dich in Schnee", schickt ihn Happel weg – doch Hasil kommt zurück: „Aber, Trainer, in ganz Holland gibt's kan Schnee."
Happel bleibt ungerührt: *„Dann hau di in Koks."*
Später, mit dem Abstand von zwanzig Jahren, gibt Happel zu: *„Meine Innenverteidiger Israel und Lazeroms, das waren wirklich Mörder! Vorm großen Schlager Feyenoord gegen Ajax drohen sie dem großen Star Johan Cruijff: Wenn du noch einmal deine Kinder sehen willst, dann versuch heute ja nicht, in der Mitte durchzukommen! Cruijff kapiert: Er weicht das ganze Match auf die Flügel aus.*
Lazeroms spielt trotz Schlüsselbeinbruch, weil es um den Meistertitel geht: Er kriegt acht Injektionen, zwei davon in der Pause, aber er hält durch. Wir gewinnen, wir sind Meister – und fürs letzte Spiel gib ich ihm dann frei."
Feyenoord – Celtic im San Siro Stadion ist ein echter Fußballkrimi. 1:1 nach 90 Minuten. In der Verlängerung schießt Kindvall das 2:1, und Hasil bombt kurz vor Schluß noch an die Latte. Nachher, im Hotel, nimmt Happel Hasil ausnahmsweise um die Schultern. *„Komm, wir trinken einen Schluck."*
Einen Fußballjubel wie mit Feyenoord hat Holland nie mehr wieder erlebt. Tags darauf stürmen 200.000 Fans den Flughafen von Rotterdam – der gesperrt wird – die Maschine der Fußballhelden muß auf einen anderen Airport ausweichen.
Als NOS in einer Fernsehumfrage nachforscht: „Wer sind die bekanntesten Holländer?", lautet das Ergebnis: 1. Königin Juliane, 2. Ernst Happel, 3. Franz Hasil. „Nein, Dritter Johan Cruijff", korrigiert mich Wim Jansen zwanzig Jahre später, lächelnd.
Im Weltcupfinale gegen Estudiantes wüten die Argentinier, besonders Bilardo. Feyenoord holt ein 0:2 auf, spielt 2:2 und gewinnt das Wiederholungsspiel 1:0. *„Unser Tor schießt ein Ersatzmann."*
Als sich Constantini 1992 mit Hasil alte Feyenoord-Matchfilme anschaut, fragt er: „Läuft das im Zeitraffer?" Hasil dementiert stolz: „Überhaupt net, normale Geschwindigkeit. Wir haben schon vor 20 Jahren dieses Tempo gespielt!"

Wer war der Größte von damals? „*Der Beste in der Feyenoord-Mannschaft war Israel.*" Genauso ehrlich, wie van Hanegem heute dankt: „Für mich ist Happel der beste Trainer der Welt."
Lazeroms ist 1990 gestorben. Und Israel braucht nicht mehr in seinen Beruf als Pflasterer zurückzukehren – er hat als Europa- und Weltcupsieger genug verdient.
Aber typisches Beispiel Franz Hasil: Die verschlampte Karriere eines Weltklassefußballers?
HAPPEL: „*Das war ein gottbegnadeter Fußballer, als wir den Europa- und Weltcup gewannen. Man mußte ihm nur die Einstellung beibringen – dann war er konditionell auf der Höhe. Gegen Celtic und Milan rannte er hundertzwanzig Minuten ohne Pause, hat dann in der zweiten Verlängerung aufs Tor gedonnert, daß ich glaubte, die Querlatte bricht ab – aber nach zwei Jahren war alles vorbei. Trainer, hat er gesagt, ich möchte zurück nach Österreich. Frag ich ihn: Was willst du dort machen? Sagt er: Schauen Sie, dort kann ich, wenn ich ein gutes Match hab, drei schlechte spielen. Bei Ihnen muß ich täglich zweimal trainieren, und wenn ich im Match nicht alles gib, beschimpfen mich meine Mitspieler.*"
Und ist van Hanegem wirklich der neue „Raubersbua"?
„*Nein, van Hanegem kann nie ein Gegner von mir sein, weil das ein Spieler ist, der ein bestimmtes Format hat. Er hat ja seine eigenen Mucken, aber die hab ich auch gehabt als Spieler. Das muß ich in Kauf nehmen, da muß ich diplomatisch sein und halt von hinten kommen.*"
Bitte, verrate alle Geschichten.
„*Jeden Dienstag ist bei Feyenoord Konditionstraining, mit Geräten und Medizinbällen – was van Hanegem haßt. Besonders die Medizinbälle. Ich laß damit Staffellaufen. Zweimal läßt van Hanegem den Ball fallen. Darauf pfeif ich alle zu mir her: Ab jetzt viermal voller Lauf mit dem Medizinball, von einer Cornerfahne zur anderen, übers ganze Feld! Alle fluchen. Und wenn's noch einmal passiert, daß van Hanegem den Ball fallenläßt – dann rennts ihr achtmal!*"
Van Hanegem traut sich nimmer. „*Die anderen hätten ihn erschlagen – oder er alle anderen!*"
Happel lächelt: „*Van Hanegem kann ich einen Ball geben, dann ist er glücklich. Würde am liebsten vier Stunden trainieren. Aber Konditionsarbeit – für ihn ein Graus.*"
Einmal hat er einen geschwollenen Knöchel. Happel verordnet ihm Wechselbäder, also kalt-warm. „*Ich beobachte ihn durch die Schiebetür, wie er dasitzt, beide Hosenbeine aufgekrempelt, rechts, links, und die Füße abwechselnd ins Wasser stellt – auch den gesunden. Ich fühl mich gefrozzelt: Willem, frag ich scharf, was machst du da wieder für Blödsinn? Darauf dreht er sich*

provoziered, unheimlich langsam um und sagt ganz unglücklich: Trainer, ich hab geglaubt, ich mach's richtig – und mach schon wieder alles falsch." Darauf dreht sich Happel um und muß raus. „Damit er nicht sieht, daß ich lach." Der dick geschwollene Knöchel paßt in keinen Fußballschuh, also kann ihn Happel auch nicht aufstellen. Provozierend spaziert von Hanegem am Matchtag vor der Ehrentribüne auf und ab. „Willem", ruft der Präsident hinunter, „warum spielst du nicht?" Van Hanegem hebt beschwörend die Arme: „Happel mag mich nicht..."

Echt verletzt ist er auch manchmal: *„Van Hanegem kann nicht spielen, er hat Operaci gehabt"*, sagt Happel vor einer Europacup-TV-Übertragung zu Michael Kuhn, der fragt: „Aber geh, welche Operaci hat er denn gehabt?" *„Die meisten Fußballer"*, weiß Happel selber am besten, *„sind Schlitzohren."* Wim van Hanegem besonders. Also muß sich Happel ständig etwas Neues einfallen lassen.

„Da rennt er in einem Match viermal ins Loch, kriegt aber den Ball nie zugespielt. Kommt zu mir an die Outlinie und beschwert sich: ,Trainer, ich bin ja nicht so blöd, umsonst zu sprinten. Ich renn nimmer' – und trabt weg. Ich denk kurz nach, dann pfeif ich ihn zu mir her: Willem, sag ich ihm, du bist zu intelligent für dieses Spiel..., aber renn noch ein fünftes Mal!"

Oder die Story vom Rauchen, das Happel zwar „nicht direkt verbietet, aber ich will's net wissen und net sehen. In der Kabine ist es sowieso streng verboten, im Zimmer auch." Und Happel erzählt mir grinsend: *„Zimmerkontrolle bei Feyenoord, was ich an sich selten mach. Van Hanegem und Lazeroms in einem Zimmer, beide schon im Bett. Als ich reinkomm, schmeck ich sofort den Rauch und weiß genau: van Hanegem hat den Tschik unter der Bettdecke. Also bleib ich in der Tür stehen, warte, bis er sich die Finger verbrennt. Fünf Minuten nur – dann springt er schreiend aus dem Bett..."*

Happel, Schlitzohr a. D., hat van Hanegem überlauert.

Und Happel? 1970 bei Feyenoord begonnen, am 19, März 1971 einen Zweijahresvertrag unterschrieben, aber am 29. April 1973 geht der Vorhang zu. Nach einem 0:0 gegen Haarlem ersucht Happel um Entlassung aus dem Vertrag. „In guter Übereinstimmung zwischen den Parteien", steht extra drin.

SEVILLA: KEIN HAPPEL, OLÉ!

Sevilla ist die feurigste Stadt Spaniens. Ein heißes Pflaster. Das wußte schon Helmut Senekowitsch bei Betis, und das lernt später, nach Happel, auch Toni Polster beim FC Sevilla.

Als er 1975 seinen Job antritt, fährt Happel, wie immer, in einem Zug durch.

Neben ihm: Die holländische Freundin. Hinter ihm: Ihr Sohn und ihre Mutter.

„Im Auto ist es unerträglich heiß. Der Mutter wird schlecht, also laß ich sie alle drei aussteigen. Ich muß weiterfahren, ich hab morgen Training. Könnts in den Zug nach Madrid umsteigen, und von dort mit dem Flieger nach Sevilla."

Happel schwitzt solo noch ein paar Stunden lang. *„In Sevilla komm ich drauf, daß ich die ganze Zeit die Heizung hab rennen lassen – 2400 Kilometer. So ein technisches Antitalent bin ich."*

Es wird noch heißer.

Max Merkel war schon Trainer in Spanien, Meister und Cupsieger mit Atletico Madrid, Dritter mit dem FC Sevilla. Er ist, sagt er, gekränkt, daß sich Happel nicht meldet, kein einziges Mal fragt: „Wie sind die?"

Das einzige, das Happel als Trainer je mißglückt ist: Das Abenteuer in Sevilla. Aber warum?

„Na ja, das ist die einzige Station, wo ich nur ein halbes Jahr war. Ich hab ja sonst nur langwierige Stationen bei allen Vereinen. In erster Linie, glaub ich, ist das zurückzuführen auf die Sprachschwierigkeiten mit dem Spanischen von Beginn. Und dann hab ich natürlich einen jungen Dolmetscher. Ich hab wollen den Dolmetscher von Merkel, der bei ihm war, aber der war leider schon weg, der hat sich einen Namen gemacht mit dem Merkel, hat selbst eine Mannschaft übernommen – also das war nicht möglich, den zu bekommen. Jetzt hab ich einen jungen Dolmetscher gehabt, natürlich keine Ahnung vom Fußball, kraß ausgedrückt. Hinter mir haben die Zuschauer gerufen: Happel! Ich hab nur den Namen gehört, hab ja nicht gewußt, was die wollen, dann hab ich den Dolmetscher gefragt: Was wollen die? Na, ich soll was machen. Sag ich: Was soll ich machen mit den elf Eseln da? Dann ein Austausch: Hab ich den Linksaußen rausgenommen, der Dolmetsch hat, kraß ausgedrückt, den Tormann rausgeholt ..."

Der Dolmetsch, ein Bankbeamter namens Josef, erzählt Merkel später: „Happel macht ein Supertraining, aber geredet hat er nichts."

Dem Praktiker Happel rauben Wort-Stafetten, wenn er direkt reden muß, die Freud an der Arbeit.

Und wie ist das endgültige Adios?

Der Präsident von Sevilla befiehlt mir: Wir müssen in Mallorca einen Punkt holen! Sag ich: Wissen S' was, sterben muß ich, und das kostet mein Leben. Ich mach Ihnen einen Vorschlag: Entlassen Sie mich und retten Sie Ihren Kopf – und die Sache ist für mich erledigt. Was heißt, ich muß? Ich will ja selber, bin Profi, also verpflichtet, Leistung zu bringen, ich will auch siegen – aber müssen? Wenn einer muß, ist es schon schlecht."

Happel fährt wieder 2400 Kilometer heimwärts. Vermutlich ohne Heizung.

ZWISCHEN DEN FRONTEN

1974 wird Happel „Belgier", übernimmt den FC Brügge, was glorreiche Erinnerungen weckt – ans 6:1 von Rapid über Arsenal, die berühmten Londoner „Kanoniere". *„Aber im Fußball zählt keine Vergangenheit, nur Gegenwart und Zukunft."*
Er holt – wie Hasil zu Feyenoord – den Wiener Edi Krieger nach Belgien, den Ungarn Lajos Kü, der auch bei Eisenstadt gespielt hat, usw. *„Druck machen kannst beim Fußball nur von hinten: wie bei Feyenoord, wie bei Brügge."*
Im UEFA-Cup marschiert Happel 1975/76 sensationell durch, wirft Lyon, Ipswich und dann hintereinander AS Roma (zweimal 1:0) und sogar den AC Milan (2:0, 1:2) aus dem Rennen – und steht im Finale gegen Liverpool. Damals eine Supertruppe mit Clemence, Hughes, Kennedy, dem späteren „Hamburger" Kewin Keegan usw.
Happels Belgier spielen das erste Match an der gefürchteten Anfield Road, wie es der Chef immer fordert: *„Ohne Respekt, ohne Beistrich in der Hose"*, und führen nach 13 Minuten sogar 2:0 durch Lambert und Cools. Aber dann, nach der Pause, vier fürchterliche Minuten von Liverpool: Kennedy, Case und ein Foulelfer durch Keegan – drei Tore zwischen der 60. und 64. Minute. Das 1:1 im Rückspiel ist leider zuwenig.
1976–1978 wird Brügge belgischer Abonnementmeister, wirft Real aus dem Meistercup. Happels späte Rache fürs verkaufte Rapid-Match von 1956 – und scheitert erst an Mönchengladbach: Einzige Heimniederlage in 13 Europacupspielen unter Happel.
1978. Während sich die Austria als erste österreichische Mannschaft in ein Europacupfinale (Pokalsieger) durchkämpft, erzwingt Happel mit Brügge das Finale im Meistercup. Gegen Kuopio total 9:2, sonst immer dramatisch: 2:1 gesamt gegen Panathinaikos, 4:3 gegen Atletico Madrid, 2:1 gegen Juventus. Finale in Wembley – und wieder heißt der übermächtige Gegner Liverpool. Eher noch stärker als 1976: Greame Souness ist dazugekommen.
Happel hat vier Verletzte, muß ein Rumpfteam aufbieten, ist krasser Außenseiter. Keiner gibt ihm einen Funken Chance. Aber seine Männer fighten wie die Löwen, halten 64 Minuten ein 0:0 – dann erst schlägt Dalglish zu.
Happel hat oft gesagt: *„Ich hab mehr Finalspiele verloren als gewonnen."*
Das sagt er über Brügge noch lang: *„Mit der schlechteren Mannschaft habe ich zumindest aufs Tor geschossen, und wir waren gefährlicher, als das Nationalteam beim 0:2 in Paris. Das hat mich gestört."*
„Aha, Brügge führt!" Happel nickt oft, wenn er belgische Fußballtabellen studiert – und seinen Ex-Klub vorn findet. *„In Belgien zählt bei Punktegleichheit nicht das Torverhältnis, sondern: mehr Siege."*
Ein großer Mann, auch in Belgien. Fotos mit Baudoin und Fabiola. Happel

im Nadelstreif. Brügge huldigt Happel. Im Goldenen Buch zum 100-Jahr-Jubiläum sind dem „Zauberer aus Wien" viele Seiten gewidmet.
Unglaublich: Happel übernimmt den FC Brügge als Abstiegskandidat, führt ihn zu drei Meistertiteln hintereinander und zweimal in ein Europacupfinale. Noch unglaublicher jedoch: Während seines Trainer-Jobs in Brügge übernimmt er das holländische Nationalteam für die WM 1978 in Argentinien! Die Lunte brennt schon lang: Happels „Oranjes" schlagen die „Roten Teufel", die belgischen „Diable Rouges", in der WM-Qualifikation 2:0 und 1:0. Die Belgier müssen daheimbleiben, die Holländer fahren nach Argentinien. Durchschnittsalter ideal: 27,6 Jahre.
Happel über seine damaligen Holländer:
„Für mich eine großartige Weltmeisterschaft, nur muß ich sagen: die bessere Mannschaft war '74, also ausgeglichener. Da waren Crujff und Keizer noch dabei, da hatten sie eine gewisse Stürmerei. Zu meiner Zeit nicht mehr so ideal durch die Absage von Crujff – weil er ja verletzt war. Und er sagt, mit Recht: Wenn er zu einer WM fährt, dann will er natürlich irgend etwas präsentieren, und der Mann hat gewußt: Nach dieser Verletzung kann er bei der WM in Argentinien nicht glänzen, und er hat mir abgesagt. Ich hab zwei Stunden mit ihm gesprochen in Barcelona."
WM auf der Trainerbank. Für Happel eine Premiere.
„Ein Monat WM, mit der Vorbereitung muß man fünf bis sieben Wochen rechnen, das ist ja auch alles nervenaufreibend. Man hat ja nicht nur mit den Spielern, die am Feld sind, zu tun, man hat ja 22, inklusive der Reservespieler und der sechs, die im Anzug auf der Tribüne sitzen. Das sind die Unangenehmen. Die aufs Spielfeld laufen, das sind die Angenehmsten. Also, da kommen ja Probleme noch dazu. Und dann ist es natürlich so: Eine WM auf einem Niveau durchspielen von Beginn bis Ende: Das muß eine ganz große Mannschaft sein! Die sehe ich nicht, also kann sein, daß sie am Beginn stark ist, das Ende wird schwächer – oder der Beginn ist schwach, und sie steigern sich und kommen dann bis ins Finale."
In den Gruppenspielen berauschen die Holländer wirklich nicht: 3:0 gegen den Iran, 0:0 gegen Peru, 2:3 gegen Schottland, zweite Finalrunde gerade geschafft. Aber dann: 5:1 gegen Österreich, 2:2 gegen Deutschland, 2:1 gegen Italien – Happel ist im Finale, und die Österreicher haben, außer dem 3:2-Triumph gegen die Deutschen, ihre hausinternen Probleme.
Der Besuch der „österreichischen Spielerfrauen", ursprünglich geheimgehalten, schlägt haushohe Wellen – wie löst das Happel mit den Holländern?
„Die Frauen sind da. Aber erst zum Finale..."
René van de Kerkhof muß mit Gipsmanschette an der Hand spielen – was Referee Gonella verbietet: „So darf er nicht!" Darauf spielt Happel einen Meisterpoker: *„Gut",* droht er, *„dann muß ich umstellen. Aber dazu brauch ich*

eine halbe Stunde – weil ich ja auch die Taktik total ändern muß." Happel weiß haargenau, daß eine Milliarde Menschen nicht warten können: fixe TV-Übertragungszeiten, sündteure Satelliten gebucht – eine Verschiebung würde Milliarden kosten. Er setzt sich durch: van de Kerkhof darf spielen.

Ein blau-weißes Meer von Flaggen, als Mario Kempes die Argentinier in Führung schießt (38.). Die Zeit tickt weg. Happel schickt Nanninga für Johnny Rep aufs Feld. Ein goldener Griff: Der Ersatzmann gleicht aus (82.). Jubel bei den Holländern, Entsetzen bei den Argentiniern: Rob Rensenbrink schießt in der 90. Minute an die Stange!

Zehn Zentimeter fehlen Happel zum WM-Titel – oder? Wir haben oft und lang darüber diskutiert. Aber da ist kein Stachel in seinem Herzen.

„Nein", schüttelt er den Kopf, *„ich hatte nie das Gefühl, daß ich dieses Finale gewinnen kann..."*

Und wenn Rensenbrink getroffen hätte? *„Auch dann nicht. Dann hätte der Schiedsrichter notfalls zehn Minuten nachspielen lassen. Und irgendeinen Elfer gegen uns gepfiffen."*

Hast du mit Mario Kempes in Österreich je darüber gesprochen?

„Nein, hab ich nicht."

Im Nachspiel setzt sich Argentinien durch: 2:1 Kempes, 3:1 Bertoni. Holland zum zweitenmal Vizeweltmeister – wie 1974. „Ernst Happel", sagen und schreiben wir alle 14 Jahre später, „bleibt für uns trotzdem der Weltmeister – mit und ohne Titel."

Die Belgier sind sowieso eifersüchtig. Frontwechsel von Holland nach Belgien. Kaum von der WM zurück, geht für Happel das Theater los. Happel in Belgien: Das ist viel mehr als nur der FC Brügge. Er verrät belgische Abenteuer, die lang geheim geblieben sind.

Zuerst: Obwohl immer noch FC-Brügge-Trainer, will ihn RSC Anderlecht. Ein Traditionsklub, aber schon sieben Jahre lang nicht mehr Meister. *„Der Klubpräsident ist Tapeten-Millionär. Er schlägt mir vor: ‚Sie sind grad mit Holland Vizeweltmeister geworden, Herr Happel, für mich genau der richtige Mann. Hier bitte, sind 200.000 als Anzahlung. Ich setz Sie für einen Fernseh-Werbespot vor meine Tapeten – Sie brauchen gar nix reden.'"*

Happel als Werbefigur, Dressman für Tapeten. Einmal bedauert er, daß er nicht so geschmeidig-geschliffen ist wie Beckenbauer. *„Weil ich in der Werbung viel hätte verdienen können."*

Der Anderlecht-Deal platzt. *„Leider is nix draus geworden. Aber ich muß die 200.000 nur halb zurückzahlen."*

Teurer ist das neue Schmuckkästchen von Brügge.

„Der Bürgermeister baut mir in einem Jahr ein Stadion hin. Aber in die Kabine, sag ich ihm gleich, kommen S' mir net rein!" Als es der Bürgermeister bei der Stadioneröffnung trotzdem probiert, schmeißt ihn Happel raus: *„In*

der Kabine gibt's nur einen Bürgermeister – mich!" Und: *„Mit den Politikern ist es immer das gleiche. Wennst oben bist, küssen sie dich. Bist unten, wirst getreten."*
Die Luft wird bleihältig. *„Ein Vorstandsmitglied droht: Nach Wien darf sich Happel nicht trauen. Aber ich sag: Ich geh weg! Frage ist bloß: Wieviel muß ich zurückzahlen, wenn ich kündige? Brügge hat einen roten Anwalt, also such ich mir einen schwarzen, denn mein Anwalt sitzt in Holland – aber das geht wieder wegen der Rivalität Belgien – Holland nicht."* Als grad ein belgischer Journalist bei Happel ist, taucht ein Beamter auf. „Da draußen steht ein Auto mit der Aufschrift PERS (= Presseschild), der muß weg!"
„Nein, beharre ich, der bleibt. Als mein Zeuge." Am 23. November 1978 tritt Happel in Brügge zurück. Sein Nachfolger: Beres.
Haben Trainer nie versucht, dich zu kopieren?
„Doch, zweimal in Belgien. Aber das geht zweimal schief. Die Spieler vergleichen mit Happel, die Presse vergleicht mit Happel..."
Happel übernimmt sodann einen kleinen Klub, *„um ihn vor dem Abstieg zu retten"*: Harelbeeke. *„Ich muß die letzten drei Spiele nur einen Punkt machen, dann sind s' gerettet. Gegen die zwei Brüsseler Großklubs versuch ich eine total andere Manier, mit Doppelstopper – wir verlieren zweimal 0:1. Das letzte Spiel jedoch gewinn ich 3:0."* Auftrag erfüllt, Harelbeeke gerettet.
Happels letzte belgische Station: Standard Lüttich. Und auch sein letzter belgischer Titel – Cupsieger 1981. Dann übergibt er seinem Nachfolger Raymond Goethals.
Walter Meeuws, Spieler unter Happel, führt 1992 Royal Antwerpen zum Europacupmatch gegen die Admira – und nimmt alle Spielerfrauen mit: „Sie haben das Recht, die schöne Stadt Wien zu sehen."
Und als – ewige Schicksalsverflechtungen im Fußball – der FC Brügge 1992 im Europacup gegen die Wiener Austria gelost wird, freuen sich alle belgischen Reporter, Happel wieder zu treffen. Und sind ganz traurig, als sie hören müssen: ihr Hattrick-Meistermacher liegt im Spital.
„Wer ist jetzt Trainer von Brügge? Ein früherer Spieler von mir. Er hat zwei Geschäfte für Damenmoden."
Happels bester Freund aus Brügge-Tagen ist kein Spieler, schon gar kein Funktionär. Der Mann, der ihn noch oft besucht, ist der Bus-Chauffeur.

TAKTIK: PRESSING UND SPIONE

Studierst du manchmal über irgendwelche neuen Systeme, wie man den Fußball revolutionieren könnte?
HAPPEL: Von meiner Person aus eigentlich nicht. Da muß man einmal ab-

warten, was sich im Laufe der Zeit noch ergibt, im allgemeinen, im internationalen Fußball.
Siehst du schon etwas?
HAPPEL: Nein, ich seh im Moment nichts, man hat vor fünf Jahren bei der EM 1988 geschrieben: Das ist der Fußball der Zukunft. Den haben die Holländer schon vor 20 Jahren gespielt.
Stichwort Taktik. Was fällt dem großen Strategen dazu ein?
HAPPEL: Meine Tic-Tac, meine Gewohnheit ist, daß wir nie mit einer taktischen Variante spielen – wir haben immer zwei, drei Varianten griffbereit. Dann stell ich ganz knapp vorm Spiel auf und sag auch die Variante, die ich spielen lasse. Wenn ich einen Gegner beobachte, dann wird er nicht angeschaut, röntgenisiert: In 18 bis 20 Punkten, da ist jede Formation wichtig.
Jede Fußball-WM ist eine Weltausstellung. Was hat dir 1990 in Italien gefallen?
HAPPEL: Der erfrischende, technisch gute Fußball von Kamerun hat mich bei der WM 1990 begeistert – aber auch Costa Rica. Sonst seh ich eigentlich nicht viel. Irgendwas Neues wird bestimmt kommen.
Schon irgendeine Ahnung, was?
HAPPEL: Nein, im Moment seh ich auch nichts. Vor fünf Jahren hat man, wie gesagt, geschrieben: Der Fußball des Jahres 2000. Da kann ich nur lachen – den haben die Holländer schon in den siebziger Jahren gespielt!
Mit Ernst Happel als Trainer?
HAPPEL: Da waren auch andere Trainer. Ich will nicht immer nur von meiner Person reden. Ich hab den Fußball auch nicht erfunden, aber ich kann ihn natürlich mit meiner Mannschaft immer in eine bestimmte Perfektion bringen, Fußball 2000 spielten wir zu 80 Prozent schon damals in Holland und Belgien. Die waren auf diesem Gebiet schon weit fortgeschritten, hatten aber auch eine Generation von Weltklassespielern bei Ajax und Feyenoord, acht Weltfußballer – da mußt du im internationalen Fußball ganz einfach da sein.
Fußballsysteme ... Daß ausgerechnet im Happel-Geburtsjahr – 1925 – die Abseitsregel geändert wurde, kann kein Zufall sein. Im gleichen Jahr wird das WM-System geboren: Mittelläufer zurückgezogen, Außenläufer vorgeschoben und decken die gegnerischen Verbindungsstürmer. Schlagwort „magisches Viereck": Bei den Jugoslawen mit Cajkovski-Djajic (später Boskov)-Mitic-Bobek (später Vukas) besonders deutlich. Die Ungarn operieren mit zurückhängendem Mittelstürmer – Hidegkuti. Bei den Schweizern erfindet Karl Rappan, auch Erfinder des Rappan-Cup (heute Intertoto), den „Schweizer Riegel" mit zwei 10 Meter hintereinander gestaffelten Verteidigern (Gyger und Steffen) hinter einer vorgelagerten Vierer-Abwehrkette.
Die Brasilianer faszinieren 1958 mit 4-2-4: Ein Verbindungsstürmer und ein Außenläufer bilden die Mittelachse. Die Engländer 1966 mit 4-3-3: Ein

weiterer Stürmer wird ins Mittelfeld zurückgeholt. Daraus entwickeln die Italiener ihr „Catenaccio" mit der doppelten Manndeckung: Sechser-Abwehrkette, vier Stürmer, davon aber nur zwei echte Spitzen: Auf eine Mittelachse wird verzichtet.

„Hinten zumachen und vorn hilft der liebe Gott": So hat ein Happel nie gedacht.

Der legendäre Manchester-United-Manager Matt Busby, Vater der „Busby-Babies" Bobby Charlton, Nobby Stiles usw., verriet einmal: „Ich stell meine Mannschaften immer nach Typen zusammen. Kleine, bissige als Außendecker. Ein großer, kopfballstarker als Sturmtank etc." Dagegen Happels Erfolgsrezept: *„Ich bau alle meine Mannschaften immer ums Mittelfeld herum auf."*

„Mittelfeld brauch ma kans, weil dort steht ka Tor", hat zwar der „Kärntner Herrera" Gerdi Springer immer behauptet – aber Happel hat schon recht.

Von allen Systemen, ob 2-3-5 oder 4-2-4 oder 4-3-3, mit Stopper oder Libero – welches war dir am liebsten?

HAPPEL: Das hängt immer vom Spielermaterial ab. Ich hab meine eigenen Ansichten, akzeptier das System, kopiere es auf meine Art und Weise – dazu kommt meine Trainingsmethodik. Die Brasilianer wurden mit 4-2-4 Weltmeister, die Engländer mit 4-3-3. Ich bin nicht stur, das gleich genauso zu praktizieren. Du mußt erst die Spieler dazu haben: Der Libero hinten, der Libero vor der Abwehr – alles kein Problem. Ums Material geht's. Welche Spieler hast du zur Verfügung? Mit welchem Riemen kannst du rudern?"

Heute gilt Arrigo Sacchi als Erfinder des „Pressing", das er bei Milan mit fast selbstmörderischer Disziplin eingeführt hat – und jetzt auch bei der „Squadra Azzurra". Hans Krankl fällt auf: „Er zwingt seine Spieler mit militärischem Drill, übt das Pressing in Dreiergruppen – aber erfunden haben es die Holländer. Mit dem Unterschied: Happel hat seine Feyenoord-Spieler nicht dazu gezwungen!"

Ajax und Feyenoord. Ajax mit seinen bärenstarken Stars Neeskens, Suurbier, Krol, Keizer, Rep. „Vor allem Neeskens", weiß Krankl über seinen früheren Barcelona-Nebenspieler, „war ein Viech. Der hatte das Pressing in sich."

Ihr müßt den Gegner, wenn er den Ball hat, zu zweit anbohren! predigt Happel, und Krankl nickt: „Ich seh's genauso."

Happel, das Maß aller Dinge. Ich kenne Fußballer, die jahrelang seine kompletten Übungen mitgeschrieben haben. Und Arrigo Sacchi – selber nie ein großer Fußballer – hat bei Happel alles ausspioniert! *„Er sitzt, mit zwanzig anderen italienischen Trainern, zwei Wochen lang tagtäglich bei jedem HSV-Training auf der Tribüne!"* erinnert sich Happel.

Er hat sein „Programma", meist sehr variabel. Im Training und im Match. *„Ich hab meine eigenen Ansichten. Ich tu irgendwie das System da anerken-*

„Der Spieler Happel und der Trainer Happel – zwei verschiedene Menschen? Na ja, Gott sei Dank!" Er verlangte eiserne Disziplin. „Fußballer kannst nicht in den Hintern treten, brauchst sie aber auch nicht streicheln. Wenn ein Fußballer seine Leistung bringt, mußt als Trainer hinter ihm stehen. Wenn nicht, kannst nicht mehr hinter ihm stehen. Damit ist alles gesagt."

Als Profi bei Racing Paris: Monsieur Happel (oben links) und zehn düster dreinblickende Mitspieler. Ganz rechts der Intrigant Roger Marche. Unten: Zwischen Rapid-Sektionsleiter Happel und Trainer Robert Körner die Jungen Zajic, Pflug und Zelesny. „Ein Junger kann von mir aus Fehler machen – nur rennen und kämpfen muß er!"

Aus der Zeit, da Happel mit zwanzig Schüssen zehn Cola-Dosen von der Querlatte herunterholte – und vom Fünfer gezielt die Stange traf: Rapid-Quartett Körner I, Happel, Körner II, Golobic (oben). Unten gratuliert Happel, bereits ADO-den-Haag-Trainer, Poldl Grausam zum Ländermatchdebüt 1964 in Amsterdam. 1:1, Torschütze Rudi Flögel – der Vater von Thomas.

Die zwei berühmtesten Rapidler: Hans Krankl trifft Ernst Happel (Hanappi-Stadion, 15.5.1992). Eine Zeitlang war Funkstille, als man Happels clevere Taktik in Hütteldorf als „Alpen-Catenaccio" verteufelte. „Wenn ich so spielen laß, pfeifen's mich vom Platz. Aber beim Herrn Happel ist alles richtig." Längst ausgesprochen, Schnee von gestern.

Heute ist Krankl auf zwei Dinge stolz: „Daß sich Herr Happel als einzigen Bundesligaverein mein Rapid-Training angeschaut und daß er mir das Du-Wort angeboten hat. Mich hat's gerissen und gebeutelt vor lauter Respekt, als er sagte: Was heißt Herr Happel, ich bin der Ernstl, wir sind ja Kollegen." Krankls schönste Happel-Erinnerung: „Ein 3-Stunden-Abendessen im Oktober mit sehr viel Fußballschmäh."

„Teamchef in Österreich? Ich bin Patriot, aber kein Idiot. Ob ich das wirklich gesagt hab? Da bin ich überfragt..."
Happel beim ÖFB-Gipfel mit dem damaligen Teamchef Prof. Elsner (oben). Unten mit seinem alten Spezl Robert
Körner, „den ich als Teamtrainer zur WM 1982 nach Spanien mitgenommen hätte." Aber Neuberger war dagegen.
Rechts: Georg Schmidt.

„Ich mach Sie aufmerksam..." Giovanni Trapattoni ist mit 15 Titel hinter Happel (18) und Valeri Lobanowski (16) der dritterfolgreichste Trainer der Welt. Ihr direktes Duell: HSV – Juventus 1:0 im Europacupfinale 1983. Unten: Mit Pepi Hickersberger, der Happel sein Team bei der WM 1990 übergeben wollte. Aber Happel lehnte ab: „Ich schmück' mich nicht mit fremden Federn – du hast bis jetzt alles sehr gut gemacht."

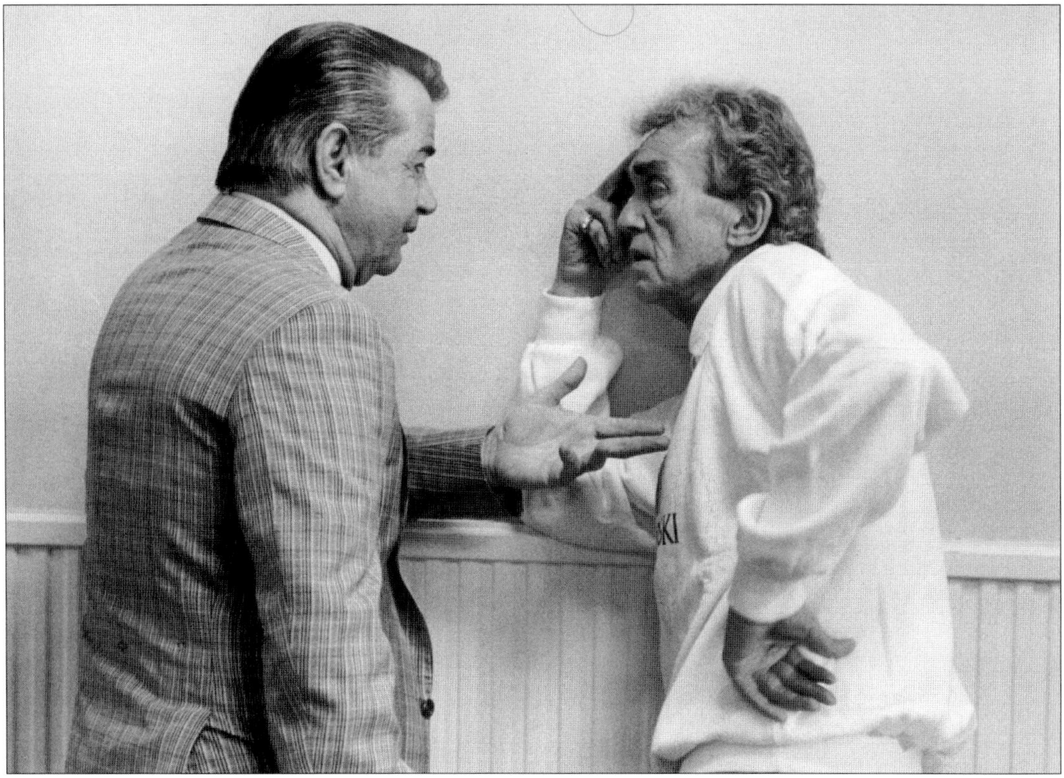

Happels Austria-Connection: Als Joschi Walter (Bild oben) im Frühjahr 1992 starb, verlor Happel kurz seinen Lebensmut – und beim Begräbnis seinen teuren Diamantring. Prohaska tröstete er: „In Österreich ist es sogar möglich, daß Trainer entlassen werden, wenn sie das Double gewinnen" – und machte Herbert zum U-21 Chef.

nen, wenn ich die Spieler dazu hab, dann kopier ich auf meine Art und Weise. Dazu kommt meine Trainingsmethodik, weil ich hab meistens langjährige Stationen bei den Vereinen, sechs Jahre, oder vier Jahre. Ich bin also nicht eine Saison oder zwei Saisonen bei einem Klub gewesen, sondern auf mehrere Jahre, und die Mannschaft ist in einem Jahr gelaufen wie im sechsten Jahr. Also, dann muß man schon irgendwie gute Arbeit verrichten. Keine Kunst, eine Mannschaft so zu trainieren, daß sie nach einem Jahr tot ist."

Bei Happel nicht. Viermal holt er sich den deutschen Sportlehrer Norbert Auste (43), Sport-Fachberater, als Konditionstrainer: *„Zum HSV, nach Tirol, im Herbst zum Team. Fürs Ausdauer-Bergwandern, für Aufwärmen-Abwärmen, für Entspannungstechniken. Das gehört unbedingt dazu."* Wo habt ihr euch kennengelernt? frag ich. *„In Baden-Baden. Aber nicht im Casino..."*
„Wenn ich auf der Bank sitz, fühl ich mich nie als Deutscher, sondern als Österreicher", sagt Auste und blickt unseren Kickern in die Seele: „Mental sind alle etwas verhalten."

HAPPELS 18 GEBOTE

Bei der „Euro '92" in Schweden ersuche ich Happel: Kannst du bitte zum erstenmal deine berühmten 18 Punkte erklären? Wenn Happel einen Gegner „röntgenisiert": Die 18 Gebote der Spielbeobachtung. Happel meißelt sie zum erstenmal in den Felsen, ideal für jede Fußball-Datenbank.

1. DAS SYSTEM: Erste Hälfte, zweite Hälfte. Wer ist der Gegner? Heim- oder Auswärtsspiel?
2. DIE SPIELART: Kampfstark, technisch oder hart? Engmaschig oder weiträumig? Schnell oder langsam? Viele Stationen oder Longpaßspiel?
3. WELCHE ANGRIFFSART: Kommt er offen, über die Flügel oder durch die Mitte?
4. SPIEL AM BALL: Also in verschiedenen Positionen. Wie bei Ballverlust? Wie ohne Ball?
5. ANGRIFFSSPIELER: Welche sind das?
6. WELCHE SPIELER bevorzugen welche Mittel: Dribbling, Flanken, Torschuß, zweite Reihe?
7. TATSÄCHLICHE AUFSTELLUNG, SPIELPOSITIONEN (sind ja numeriert): Wer ist der Libero, wer der defensive, wer der offensive Mann im Mittelfeld, zentrale Spitzen, spezifische Rechts- oder Linksaußen? Gibt es einen Spielmacher? Einen, der einen Spieler ausschaltet, usw.?
8. DER GEGNER IM MITTELFELD, und Sturmspitzen zurück: Welche Mittelfeldspieler gehen zurück, welche Sturmspitzen?

9. Wie funktioniert der WECHSEL von Angriff auf Abwehr? Welche Spieler wechseln miteinander die Positionen bzw. die Aufgaben?
10. Die Deckungsart im MITTELFELD.
11. Deckungsart in der VERTEIDIGUNG. Oft sehr unterschiedlich zwischen zwei Mannschaften. Man sieht ja, was sie spielen und was sie nicht spielen – Mann oder Raum?
12. Wie spielt der LIBERO, was sehr wichtig ist: Hängt er auf einer Linie mit den Abwehrspielern, dahinter oder davor? Die drei Varianten bestehen ja. Ajax oder das holländische Nationalteam spielen manchmal mit dem Libero vor der Abwehr.
13. Welche Abwehrspieler gehen in die OFFENSIVE? Kann man ja leicht sehen.
14. Besonderheiten bei STANDARDSITUATIONEN.
15. Spielt der TORMANN mit? Das kann man ja alles beurteilen.
16. Wer DIRIGIERT das Spiel?
17. Welche Spieler spielen UNFAIR?
18. PRESSING oder Nicht-Pressing?

DIE GORILLA-GANG

Während Happel im Ausland von Triumph zu Triumph taumelt, zerbricht seine Ehe. Man lebt sich auseinander. „Er ist plötzlich mehr weg als normal, kommt in verschiedene Kreise, ist aber ehrlich genug und sagt mir nach acht Monaten: Du, ich hab eine liebe Freundin. Wenn du in Wien bleiben willst, okay. Scheiden laß ich mich nicht. Wir bleiben Freunde."
Sind wir auch geblieben, beteuert Elfriede Happel. „Hätten wir uns sonst noch 1978 das Haus auf dem Schafberg gekauft?" Noble Adresse Czartorytzkygasse, riesengroßer Garten.
Noch 1991 sagt mir Happel, was er sich vorstellen könnte:
„Später einmal, wenn ich mit Fußball aufhöre, komm ich in unser Haus auf einem Wiener Aussichtsberg zurück. Beim Kauf damals haben meine Frau die 30 Fenster abgeschreckt: zuviel Arbeit. Das macht gar nix, hab ich ihr gesagt. Putzt du halt eines jeden Tag."
Er bringt Freunde und Bekannte auf den Schafberg zum Essen mit, von Günter Netzer bis zu mir. Im Stiegenaufgang ein lebensgroßer Pappendeckel-Happel im gestreiften Rapid-Dreß, daneben das Leibchen vom FIFA-Team. Und an der Wand hängt das „Schwert des Islam": Geschenk vom Sohn des Saddam Hussein, als Erinnerung an den geplatzten 50-Millionen-Vertrag im Irak.

Aus dem belgischen Haus in Brügge holt Frau Happel „alle sportlichen Sachen raus". Drin wohnt jetzt Annemarie, die belgische Freundin, auf Lebzeiten.
Ernst Happel, kein Mann für normale Maßstäbe. „Seit seiner zweiten Magenoperation", erinnert sich Elfriede Happel, „hat der Ernst einen unheimlichen Drang zu leben. Wahrscheinlich weil er etwas spürt. Er fängt an, noch intensiver zu leben." Bürgerliche Eifersucht quält sie nicht: „Wir streiten nie. Ich find mich sehr rasch damit ab. Immerhin hab ich die 23 schönsten Jahre mit ihm gehabt."
Oben am Schafberg bewahrt sich Happel einen letzten Hauch von Familienleben: zu Weihnachten, jeden Winter.
Das jährliche Ritual ist ihm heilig: *„Am 24. Dezember geh ich mit meinen Enkerln Philipp und Nina immer ins Café Schwarzenberg. Und dann auf den Christkindlmarkt, bevor zu Hause das Christkind kommt."*
Wenn Happel von seinen Enkerln spricht, dann ist er der rührendste Opa. Sein einziger Sohn – Ernst jr. – ist dem Papa wie aus dem Gesicht geschnitten. Auch ohne Fußballschuhe.
Tut es dir weh, daß dein Sohn kein großer Fußballer geworden ist?
„Er war mit mir in Holland, bei Ado den Haag, und hat in der ‚Pupille' gespielt – der Mannschaft der 9–10jährigen. Ich seh, daß er kein Talent ist, und geb ihm zur Pause eine Banane. Sagt er: Papa, ich kann doch in der Halbzeit keine Banane essen. Sag ich: Kannst du schon, weil du kein Fußballer bist, sondern ein Antitalent. Spielen tust du wie ein Tiroler Holzhacker. Es ist mir lieber, du wirst kein Fußballer, sondern ein anständiger Mensch. Mit 13 hat Happel Junior weder Beckenbauer noch Maradona im Kopf – sondern nur Michael Jackson. Er reist ihm sogar nach London nach, spielt viele, fast alle Instrumente und hat sogar eine eigene Popgruppe, mit der er im Keller, beim Kottan oder irgendwo in der Provinz spielt – DIE GORILLA GANG. Später wird er seriös, macht die Hotelfachschule in Badgastein, wird Manager bei der PanAm, der TWA, der Lauda-Air und zuletzt der Dan-Air."
Im Haus in Schwechat lebt der Happel-Sohn mit seiner Frau Brigitte und den Kindern Philipp (jetzt 11) und Nina (10). „Das Mädchen will Schauspielerin werden", weiß Opa Happel. Und der Bub? Leider auch kein Fußballer.
„Der spielt da in Mannswörth. Und da hat mir mein Sohn einmal erzählt: ‚Du, das ist ein großes Talent, der umspielt den ersten, der umspielt den zweiten. Den Tormann, den überspielt er auch noch, und dann schiebt er den Ball ins Netz.' Na, denk ich mir, alle Achtung, schaust du dir den Jungen einmal an, ob das wirklich so ein Talent ist. Na, und ich bin auf der Bank gesessen, die Kleine, die Nina, neben mir. Aber der Bub, das Enkelkind, der schaut überall hin, nur nicht dorthin, wo der Ball ist. Da hab ich mir gedacht, du wirst auch kein Fußballer."

NETZER: SCHLUSS MIT DEM FADEN FUSSBALL

Der Mann der Happel nach Hamburg holt, ist Günter Netzer, der Deutschland zum Europameistertitel 1972 geführt hat – der große Blonde mit Schuhgröße 46. Offen, sympathisch, blitzgescheit.
Wie ist Happel wirklich zum HSV gekommen, Günter Netzer?
NETZER: Das war mit Hindernissen verbunden. Ich wollte ihn schon zwei Jahre vorher holen. Da gab mir der DFB aber nicht die Genehmigung, weil er keine Lizenz hatte. In der Zwischenzeit, nach zwei Jahren, ist Rinus Michels als Holländer nach Deutschland gekommen, auch ohne Lizenz, nach Köln. Wir mußten Branko Zebec grad aus Krankheitsgründen entlassen. Da bin ich wieder vorstellig geworden beim DFB: Jetzt ist der Rinus Michels gekommen, der hat keine Lizenz, jetzt werden wir ja wohl den Happel reinkriegen, Ich wußte aber gar nicht so recht, wen ich verpflichtet hatte: Ich hab ihn kaum verstanden, den Ernst Happel, weil der ein Kauderwelsch gesprochen hat, mit dem ich wirklich meine liebe Not hatte. Und viele Leute haben mich auch vor ihm gewarnt: Das ist ganz ein extremer Mensch, hat ganz verschrobene Ansichten und ist ein typischer Wiener – da muß man sowieso vorsichtig sein. Ich habe gesagt: Ich habe vor niemandem Angst, und als ich diesen Mann das erste Mal kennengelernt, seine Augen gesehen habe, da wußte ich, daß das ein ganz, ganz großer Trainer ist.
Also ideale Umstände für Happel?
NETZER: Er war unheimlich menschlich. Ich habe einmal zu Felix Magath gesagt: Felix, ich hab einen Trainer gefunden, der hat mich fasziniert. Ich glaube, das ist der erste menschliche Schleifer, den ich jemals erlebt hab. Für mich der absolute Supermann! Er hat eine Mannschaft von Branko Zebec übernommen, die taktisch und körperlich in allerbester Verfassung war. Aber wir haben einen sehr langweiligen Fußball gespielt zum damaligen Zeitpunkt. Happel ist gekommen, als Künstler, und hat diesen langweiligen Fußball nicht mehr geduldet. Man weiß ja, welche Art Fußball er spielen läßt: Er verliert lieber 5:3, als daß es 1:1 ausgeht. Solche Ergebnisse liebt er mehr. Er läßt auf Risiko spielen und bietet den Zuschauern etwas. Und das ist in Hamburg auch der Fall.
Was hat Happel beim Hamburger SV fußballerisch Neues gebracht? Den „Fußball 2000" aus Holland, Pressing, Abseitsfallen?
NETZER: Genau. Damals hat man in Deutschland ein primitives System gespielt, Manndeckung, wußte nix von der Raumdeckung. Das hat er natürlich übernehmen können vom Zebec: Eine Mannschaft, die konditionell in bester Verfassung und auch schon taktisch geschult war. Aber dann kamen Dinge nach Deutschland, die bis dahin niemand da bisher gesehen hatte: Es gab plötzlich die Abseitsfalle! Zuvor hatte niemand mit System Abseitfalle ge-

spielt. Er war der erste, und alle sind drauf reingefallen, die Zuschauer in den Stadien haben immer schon gelacht.
Dann hat er ein Pressing gespielt. Die Holländer und Belgier wußten das. Aber die Deutschen wußten das nicht. Und das war ja faszinierend, was der HSV da hingelegt hat. 34 Spiele in der Bundesliga nicht verloren! Ein Jahr ohne Niederlage, das ist Rekord.
Wenn der gegnerische Tormann abgeschlagen hat, da standen die gegnerischen Stürmer plötzlich im Abseits. Da sind sie alle nach vorne gelaufen. Sensationell für deutsche Verhältnisse: Die Deutschen haben sicherlich große Fähigkeiten, international große Erfolge, aber taktisch sind sie nicht immer so gut gewesen.
Und Happel privat, in Hamburg?
NETZER: Immer an denselben Stellen: Ein Mensch, der Elefantenpfade benutzt hat. Wenn ihm irgendwas gefallen hatte, dann ging er immer wieder hin. Immer das gleiche gegessen und wollte auch nirgend wo anders hin. Ich hab ihm natürlich viele Casinos in und um Hamburg rum gezeigt. Wenn's irgendwo in der Stadt ein Casino gab, waren wir natürlich dort. Die Spieler haben schon gesagt: die suchen nur Trainingslager aus, wo auch Casinos sind.

BECKENBAUER: TUT MIR LEID, HERR HAPPEL!

Unmöglich, mit dem Weltmeister und „Kaiser" Franz Beckenbauer nicht über Happel zu sprechen. Wir tun das beim 0:0 in Nürnberg.
Was war Ihr schönstes Erlebnis mit Ernst Happel beim Hamburger SV?
BECKENBAUER: Ach, des woar eigentlich des ganze Jahr. Ich hab ihn ja dann jeden Tag erlebt. I man, am Anfang war es nicht ganz leicht, da oben, grad bei den Norddeutschen, wegen unserer Sprache. Vor allem wenn sie im Dialekt gesprochen wird, haben sie natürlich große Schwierigkeiten. Und jetzt kommt der Ernst Happel, der ja nicht österreichisch gesprochen hat, der hat alles durcheinandergebracht; der hat in Frankreich selbst gespielt, er war in Belgien, in Holland war er Trainer, und von überall hat er sich so ein paar Wörter mitgenommen. Dann sind halt ein paar komische Ausdrücke gefallen, und die Spieler ham natürlich immer mich angeschaut, weil sie gesagt haben: Na, du kennst doch des, als Münchner, du verstehst doch das Österreichische, bis i gsagt hab: Tut mir leid, aber das ist nicht österreichisch, sondern des hat er sich irgendwo in Belgien oder Holland mitgenommen... Also, da hab ich manchmal aushelfen müssen, obwohl ich mir nicht ganz im klaren war, was er eigentlich wirklich gemeint hat.
Sie haben mir einmal gesagt: Der beste Trainer, den Sie je kennengelernt haben. Leider ein bissel spät?

BECKENBAUER: Des is richtig. Ich war schon am Ende meiner Karriere, es war im letzten Jahr beim Hamburger SV, ich hab ja dann meine Karriere beendet. Obwohl er gedacht hat: Ja Mensch, mach doch noch ein Jahr weiter! Du wirst doch net immer so viel Pech ham! Des war des Jahr der großen Verletzungen bei mir.

Sie waren damals 37 und haben ihm abgesagt, als er unbedingt wollte, Sie sollen weiterspielen?

BECKENBAUER: Ja, ja, ich hab ihm gesagt. I hab g'sagt: „Sie, Herr Happel, es tut mir zwar leid, ich hab sicherlich die Möglichkeit, sehr viel bei Ihnen zu lernen, aber ich sehe die Zeichen – also die Verletzungen – als ein Zeichen von oben. Und wenn da jemand will, ich soll aufhören, dann wert ich des so." Und ich glaube, daß es auch richtig war, denn ich hab mich zu dieser Zeit schon sehr plagen müssen. 37 Joahr in der Bundesliga is schon ein sehr hohes Alter, und ich glaube, es war richtig so, daß ich dann meine Karriere beendet hab. Obwohl – und ich muß das ehrlich sagen: Ich hätt natürlich gern unterm Ernstl weitertrainiert, denn er hat mir grad in dem einen Jahr, doch sehr viel gegeben.

Was hat ihn soviel anders gemacht als Lobanowski, als Trapattoni, von mir aus auch Udo Lattek?

BECKENBAUER: Es lag sicherlich an der Person, an der Persönlichkeit, an der Ausstrahlung. Der Ernstl war ja kein großer Rhetoriker, der große Vorträge gehalten hat, sondern er hat des in seiner kurzen, präzisen, prägnanten Art gemacht, und a jeder hat verstanden, was er wollte. Auch der, der vielleicht nicht studiert hat. Auch der, der kein Universitätsprofessor war. Es war eine sehr einfache und sehr simple Aussprache, und des hat jeder verstanden. Wehe, er hat's nicht verstanden, dann hat er's natürlich zu spüren bekommen.

Wie denn?

BECKENBAUER: Na gut, dann hat er ihn eben auf die Bank gesetzt, und hat da also versucht, ihn nicht zu beachten, bis der Spieler amoi... Wir hatten beim Hamburger SV auch so a poa Fälle, bis der halt dann gekommen is und si erkundigt hat: Was hab i eigentlich verkehrt gemacht, Herr Happel?

Seine Adresse: Eine Mietwohnung in Norderstedt. Das „Freudenhaus der Bundesliga" ist St. Pauli, nicht der Hamburger SV. An der Waterkant schätzt er die Fischrestaurants und *„den guten Italiener gleich neben dem Interconti"*. Was ihm nicht ganz paßt: „Zuviele Streiks."

Sein Angstgegner ist Bochum, der Favoritenschreck, der vielen Großen immer wieder ein Haxl stellt. Darum vergleicht Happel später: *„Vorwärts Steyr – das Bochum unserer Bundesliga."*

Natürlich ist auch Happels Hamburger SV *„eine Supermannschaft, hochaktiv". In Match und Training. „Ich bin trotz Magengeschwür mitgelaufen*

und hab brechen müssen. Dann aber Milch getrunken – und es ging weiter."
Am 23. April 1985 unterzieht sich Happel einer Nebenhöhlen-, im Mai 1986 einer Magenoperation. Einmal zieht Happel aus einem Hotel aus, *"weil der Speisesaal 300 Meter weg ist. Die Spieler könnten sich verkühlen."* Rund ums Stadion ein dichter Kordon: Alle fünf Meter ein Polizist, also keine Chance für Autogrammjäger. Happel läßt die Sperren lockern: *"Auch die Fans haben ihr Recht."*
Pünktlichkeit... Als einmal drei, vier HSV-Spieler zu spät kommen, fährt der Bus ohne sie ins Stadion. Die Stars müssen mit dem Taxi nachfahren – und der Vizepräsident gleich mit. *"Warum soll ich warten?"* knurrt Happel. Pressekonferenz mit dem Hamburger SV als Herbstmeister. Bevor noch jemand fragen kann, steht Happel auf und sagt: *"Ich wünsch allen Anwesenden ein frohes Weihnachtsfest"* – und geht.
Wann ist sein Kriegsausbruch mit „Bild"? Am Tag der Seite-1-Schlagzeile „MÜDER HSV", denn: *"Hinten im Text les ich: Gutes Tempospiel, drei Torchancen in den ersten zehn Minuten." Darauf will ich von Bild nix mehr hören. Wenn ich Sie schon seh, sag ich zu dem Reporter, dann wird mir übel und mieslich. Nächsten Tag kommt der Zweite mit einem Fotografen zum Training. Sag ich zu ihm: Hat man Ihnen nicht ausgerichtet? Hau ab, du Zauberer. Kommt der Dritte, dann der Vierte, dann wieder der Erste. Dem Fotografen erlaub ich: Nur hinter der Linie, er darf nur mit Tele fotografieren. Aber dann kommen's mit dem Hubschrauber – überm Stadion – und den kann ich net abschießen."*
Was er tut, hat sich noch kein Trainer getraut.
In Netzer hat Happel einen Partner, der genauso denkt: „Ich habe mindestens zwei Jahre mit denen kein Wort gesprochen. Es ist zwar mein Job, daß ich mich Tag für Tag um euch kümmere, ihr seid ja die beste Werbeagentur, die der Hamburger SV hat, 600.000 Auflage. Trotzdem, ich bin zum Präsidenten gegangen und hab gesagt: Jetzt mußt du mich normalerweise entlassen, weil das mein Job ist, mit denen zu sprechen. Ich habs trotzdem nicht gemacht. Es war so, daß ich da natürlich mit dem Happel auf einer Linie lag, weil der hatte dieselben Phasen gehabt.
Das hat denen schon sehr, sehr weh getan und sie haben mit allen Mitteln versucht, das zu brechen, mit den bösesten Schlagzeilen. Das hat uns allen nichts ausgemacht, weder ihm noch mir. Wir hatten da unsere Linie gehabt, wir haben gesagt: Wir lassen uns nicht einkaufen, wir lassen uns auch keine Angst einjagen durch irgendwelche Schlagzeilen.
Und das hat natürlich auch bei den Spielern großen Eindruck gemacht, aber bei den Spielern war dies nicht so schlimm. Sie wissen, wie Spieler sind. Die schauen nach ihren Noten, nach ihrem Marktwert.
Für uns war wichtig, daß der eine den andern nicht überreden konnte. Ich

hatte nur immer ein Problem mit dem Happel gehabt: Wenn es an die Pressekonferenzen ging. Der hat mich wahnsinnig gemacht. Das ging nun noch bei den Bundesligaspielen. Da hat er wirklich gewußt, daß es zu seinen Pflichten gehört. Da war's ja auch immer kurz genug. Die Leute haben immer gelacht, sich schon an den Ausgang gestellt, weil sie wußten: Das dauert jetzt 20 Sekunden, dann können wir eh wieder gehen.
Aber wenns aufs Land ging, wo wir auch mal spielen mußten, war alles zu Ende. Einmal im Leben haben die Leute die Chance, den großen Ernst Happel zu sprechen. Als er aber gehört hat, daß da jetzt 20 Journalisten auf ihn warten, hat er Panik gekriegt: ‚Ich geh nicht dahin.' Und schon haben wir ein Riesentheater gehabt, einen Riesenzirkus, da haben sie uns sehr, sehr oft ausgeschmiert in den Zeitungen: Dieser Happel ist arrogant, der Netzer sowieso, der ganze Verein ist arrogant. Die habens nicht notwendig, hier auf dem Land, der Presse Rede und Antwort zu stehen.
Aber für ihn bedeutete das einen Schmerz, wirklich körperlichen Schmerz, mit den Journalisten reden zu müssen, wo er geglaubt hat, das kann sowieso nichts bringen – minderwertige Arbeit. Er war da sehr konsequent. Hat vor allen Dingen auch für seine Spieler gesorgt, hat sie nicht fertigmachen lassen durch Journalisten, die die Spieler vier, fünf Wochen hochgejubelt haben, als seien sie Gott weiß was für Könige, und dann innerhalb der nächsten Wochen fallenlassen wie eine heiße Kartoffel. Das hat er nicht zugelassen."
Der Krieg zwischen Happel und „Bild" dauert ein halbes Jahr. Als er den Europacup gewinnt, bietet ihm „Bild" 150.000 Mark für eine Exklusivserie an – Happel lehnt ab.
1982 verliert Happel noch das UEFA-Cupfinale gegen IFK Göteborg. Beim 0:1 in Göteborg ist der Platz teilweise unter Wasser – Siegestor erst in der 88. Minute, beim 0:3 in Hamburg sind Kaltz und Hysen verletzt, und Göteborg wird als erste schwedische Mannschaft UEFA-Cupsieger.
Meistercup 1982/1983: Happel nimmt die Hürden Dynamo Berlin, Olympiakos, Dynamo Kiew, Real Sociedad – und steht in Athen im Finale: Gegen Juventus, die „Zebras" aus Turin, die „alte Dame" des italienischen Fußballs, fast mit der Nationalelf identisch: Zoff im Tor, der brutale Gentile, dem später Bastrup einen doppelten Kieferbruch verdankt, der elegante Libero Scirea, Tardelli, Bettega, Boniek, den Giovanni Agnelli im Austausch für „Polski Fiat" nach Turin geholt hat, Publikumsliebling Cabirini, WM-Torschützenkönig Rossi und Superstar Michel Platini.
Hamburger SV – für jeden chancenlos. Die Italiener werden schon vorher gefeiert, haben Banderolen drucken lassen für den Europapokalsieger '83, Feste geplant in Griechenland – „aber das alles hat uns überhaupt nicht berührt. Ich habe den Happel und die Mannschaft nie so entspannt gesehen wie bei diesem Spiel", wundert sich Netzer.

Normal keine Chance. Aber Happel weiß, wie er Druck wegnimmt. Thomas von Heesen verrät den Happel-Trick von damals: „Spielerbesprechung so ganz nebenbei auf dem Golfplatz . . ."
Felix Magath gelingt schon in der 9. Minute das 1:0 – das goldene Tor. Aber erst beim Schlußpfiff hat sich Happel erhoben. Zuerst unten gesessen wie versteinert, dann, endlich gewonnen, ist er aufgestanden. Happel hält sich nicht lang mit Feiern auf: „*Jetzt will ich noch den Meistertitel.*"
Donnerstag ist geheime Abreise um sechs Uhr früh. „*Damit uns ja kein Fotoreporter auflauern kann.*"
In Japan verliert der Hamburger SV gegen Gremio (Brasilien) unglücklich das Spiel um den Weltpokal. „*Gegen nur vier echte Kicker*", ärgert sich Happel.
Das Titelrennen mit Werder Bremen, betreut von Otto Rehhagel, dauert bis zur letzten Runde. HSV gewinnt bei Schalke 2:1 – das ist der Titel. Beide 52 Punkte, aber Tordifferenz HSV 46, Werder 38.
Der Happel-Rekord mit dem Hamburger SV ist einzigartig: 36 Bundesligaspiele, vom 1:2 in Braunschweig im Jänner 1982 bis zum 2:3 bei Werder Bremen ein Jahr später unbesiegt! „*Wie vor 30 Jahren mit Rapid, nur ist hier die Konkurrenz viel stärker. Kannst net vergleichen.*"
Das Trio ist unschlagbar. Präsident Dr. Wolfgang Klein, ein Rechtsanwalt, fühlt sich mehr „wie ein Theaterdirektor". Der Happel über 200.000 Schilling Monatsgage auszahlt – und Netzer die Hälfte.
Da ist Kaltz mit seinen „Bananenflanken", meist auf „Kopfballungeheuer" Hrubesch, der für den HSV 96 Bälle in der Bundesliga ins Netz wuchtet, 21 im Europacup.
Von „World Soccer" wird Happel (HSV) zum zweitbesten Fußballtrainer der Welt gekürt: Ganz knapp hinter Sepp Piontek, der gerade das dänische Fußballwunder aufbaut.
THEMA TAKTIK: Happel erklärt den Wandel des Hamburger SV vom faden zum faszinierenden Fußball so:
„*Ich hab das Glück gehabt, daß ich Trainer Zebec vor mir hatte, nur hat der es noch ein bißchen anders gespielt. Damals war ja reine Manndeckung in Deutschland, da ist der Mittelstürmer dem Stopper nachgerannt, eigentlich ein hirnloses Spiel. Da haben sie den Ball von hinten hinausgehaut, auf einmal sind acht Leute hinter dem Sechzehner stehen geblieben, das hab ich ihnen halt dann austreiben müssen. Im Endeffekt haben wir gespielt mit Übergeben und Räume eng machen.*
Felix Magath, das war der Spielmacher und hat trotzdem eine Dreckarbeit verrichtet. Aber es ist eine Dreckarbeit, wenn ich einen 20, 30 Meter Sprint zurückmache in einem bestimmten Moment. Und das wird halt gefragt von den Spielern, die unbegrenzt sind."

Die Frage, die man Happel nicht ersparen kann: Unterschied zwischen dem deutschen und dem österreichischen Fußball...
"Ich will nix hören von einer Motivation, weil dann fang ich zu lachen an. Leider ist der österreichische Fußball international bedeutungslos geworden, also was brauchen wir da reden? Vorschläge und Ideen hätte ich genug, aber die kannst nie realisieren in Österreich. Weil es dort lauter Professoren gibt. Das sind leere Kilometer."
Aber eines ist auch im Ausland gleich, *"daß in Holland, Deutschland und Belgien beim Training schon im Match gespielt wird. Einmal hab ich einen Ungarn im Test, und ich sag zum Vasovic, glaub ich, oder zum Suurbier, oder wer grad bei mir gespielt hat: ‚Haut ihn einmal um die Erde.' Da ist soviel Schlamm am Trainingsplatz, na gut, die sind dem hineingerutscht, der ist drei Meter geflogen, aufgestanden, hat sich abgeschüttelt und weitergespielt. Dann hab ich mir gedacht: Den nehm ich mir, der ist in Ordnung!"*
Didi Constantini wird immer vergleichen, was Happel in dieser oder jener Situation täte: „Pierre Litbarski z. B. ist jetzt in Deutschland um sieben Uhr früh erwischt worden, daß er von der Kasernierung weggefahren ist und einen Unfall mit zwei Autos gebaut hat. Jeder Trainer sagt: Wahnsinn, Frechheit, 10.000 Mark Strafe, suspendiert, zwei Monate weg vom Kader usw. Ich bin aber überzeugt: Wäre Happel Trainer von Köln, er hätte gesagt. Wo ich dir helfen kann, helfe ich dir, mach jetzt eine Woche eine Pause, schau, daß du deine Sachen regelst, und komm nach einer Woche zurück. Das hat er mit Manfred Kaltz in Hamburg gemacht, als er private Probleme hatte: Geh zwei Wochen auf Urlaub, mit der Familie, komm dann zurück. Kaltz ist zwei Wochen weg gewesen, Riesenskandal in der Bild-Zeitung, Wahnsinn, wie es das gibt. Kaltz ist nach zwei Wochen zurückgekommen, hatte alles geregelt, Super-Klasse gespielt. Aber so war er, der Happel: Hat oft total anders reagiert als jeder andere – und das hat ihn einfach zur Ausnahmeerscheinung gemacht."

MIT MARADONA – DER VESUV BRICHT AUS

Die spannendsten Fußballtransfers – für Spieler und Trainer – sind oft jene, die gar nicht zustandekommen. Happel hebt zwei ganz wichtige Briefe auf:
Der erste trägt das Wappen des königlichen Klubs Real Madrid. „Ich möchte mich nochmals bei Ihnen dafür entschuldigen, daß wir doch nicht Sie, sondern Santamaria verpflichtet haben" – Unterschrift der legendäre Präsident Don Santiago Bernabeu.
Der zweite trägt das rot-schwarze Wappen des AC Milan. „Wann immer es Ihre Verträge erlauben und Sie frei sind, möchten wir Sie unbedingt enga-

gieren – wann immer. Und wenn Sie wissen wollen, warum: Weil Sie, egal mit welcher Mannschaft, noch nie gegen einen italienischen Klub verloren haben." Unterschrift: Der frühere Mittelfeldregisseur Gianni Rivera, damals der große Boß und Hauptaktionär des AC Milan.
Die Statistik kennt auch Napoli: Ab Dezember 1984 will ihn FC Napoli – als Trainer für Maradona! Die Spaghetti-Presse rotiert, Happel soll mit Sonnenbrille und Hut verkleidet schon im Publikum sitzen ...
Happel bestätigt, wie konkret Napoli wirklich war.
„Ich hatte Verhandlungen, alles war schon perfekt mit Napoli, bevor der Maradona gekommen ist. Aber dann hat es sich zerschlagen, weil mich der Hamburger SV nicht freigegeben hat mitten in der Saison – das war ja eigentlich schon perfekt. Aber jetzt, mit 66, fang ich nicht an, noch einmal eine Fremdsprache zu lernen. Bis ich die erlerne, bekomme ich vielleicht die Entlassung, und auf das laß ich mich nicht mehr ein."
Happel und Maradona in Neapel, das wär stürmisch geworden?
„Ja, ich glaub, da wär der Vesuv ausgebrochen. Ich hätte darauf bestanden, ob Maradona oder ein anderer, daß alle Spieler beim Training anwesend sind, da gibt es keine Ausnahme. Ich hab ihn ja noch in Erinnerung, da war er mehr breit als hoch. Also, das kann ja kein anderer, der Mann ist ja exzeptionelle Klasse für mich. Ich möchte ihn sehen, wenn er körperlich 100prozentig fit ist, was der alles kann!"
Netzer bestätigt alles: „Das schlimmste war Napoli zu Maradonas Zeiten. Die haben ihn ganz verrückt gemacht, und das ging auch lange hin und her. Das hab ich nicht verstanden: Daß er da überlegt hat, das anzunehmen. Einzig und allein aus dem Grunde, weil Maradona da war. Er hat genau gewußt, daß es keine Zusammenarbeit mit Maradona hätte geben können nach zwei Wochen, weil der ist erledigt gewesen. Da hätten sie natürlich den Happel rausgeschmissen, sie hätten ja nie den Maradona rausgeschmissen. Der Happel hätt sich nicht gefallen lassen, daß Maradona da allein für sich in der Garage trainiert, daß er ihn vielleicht mal zum Spiel sieht, dann aber die ganze Woche nicht. Trotzdem hat er sehr lang überlegt."
Dann ist Juventus hinter ihm her: Präsident Boniperti, der alte Freund vom FIFA-Team, lädt Happel Dezember 1986 zum Turiner Derby. Die Geheimreise fliegt auf, Happel wird entdeckt. Warum Italien? *„Weil ich dort Revolution machen will"* – also Happel-Stil statt Catenaccio!

Als der FC Barcelona den Deutschen Udo Lattek feuert, braucht der „reichste Klub der Welt" einen neuen Trainer.
Barcelona – der Traum für jeden Fußballer und Trainer. Hans Krankl schwärmt mir noch heute vor: Ablöse 13,5 Millionen Schilling, Traumvertrag, Traumvilla, 300.000 Schilling Monatsgage.

„Barcelona ist das Paradies. Der berühmte Montevideo-Mittelstürmer Fernando Morena, ein Idol in Südamerika, hat einmal gesagt: Barcelona ist für einen Fußballer das gleiche wie Hollywood für einen Filmschauspieler. Ein so gescheiter Satz, da kann ich mich nur anhängen. 120.000 Mitglieder, aber Barcelona nimmt keine neuen auf, weil es keine Sitzplätze mehr gibt. Dafür Ehrenmitglieder vom Papst über Julio Iglesias bis Ilie Nastase – wer hat schon den Papst als Ehrenmitglied? Vor jeder Meisterschaft wird in der Kapelle eine Messe gelesen. Da kommt der Abt von Montserrat und betet: Möge dieser, möge jener Pokal wieder nach Barcelona kommen..."
Mit Krankl kommt sogar der Europapokal – zum ersten Mal in der Klubgeschichte überhaupt.
Einmal erscheint – in maßloser romanischer Übertreibung – die gigantische Schlagzeile: „Gepriesen sei die Mutter, die uns diesen Teufelskerl geschenkt hat!"
Lange Zeit zieht sich Krankl als Motivation vorm Match die Tonbandkassette seiner Barcelona-Tore rein: „19 Mal brüllt der Radioreporter Hansi-Gol, Hansi-Gol – auf katalanisch!"
Seit Krankl hat Barcelona einen direkten heißen Draht nach Wien. Also ruft Vizepräsident Gaspart bei Dr. Skender Fani an: „Amigo, wer ist der beste Fußballtrainer der Welt?"
Dr. Fani: „Da gibt's nur einen: Ernst Happel."
„Bueno", sagt Gaspart, „wir kaufen Senor Happel, egal, was er kostet. Wir zahlen ihm, was er will!"
Skender fliegt in geheimer Mission nach Hamburg, trifft Happel und sagt ihm: Barcelona will Sie kaufen.
Die Reaktion überrascht den Anwalt. *„Ich mach keine Gewalt"*, sagt Happel. Er meint: Ich brich keinen Vertrag.
Es kommt zum geheimen Gipfeltreffen mit HSV-Präsident Klein und HSV-Manager Günter Netzer. Beide in Begräbnisstimmung. Klein ist blaß, und Netzer weint: „Gerade jetzt", jammert er Happel vor, „wo Spieler ihre Verträge nur deswegen verlängert haben, weil Sie da sind, weil Sie beim Hamburger SV bleiben..."
Happel schaut Fani offen an: *„Was ich Ihnen schon gesagt hab: Ich mach ka Gewalt."*
Happel will nicht, telefoniert Fani darauf nach Barcelona. Wo Gaspart aus allen Wolken fällt, weil er gewohnt ist, sich mit Geld alles zu kaufen. „Sag Senor Happel, wir zahlen ihm das Doppelte... aber wir sind sowieso schon unbegrenzt." Doch Happel macht wirklich „ka Gewalt" und bleibt beim Hamburger SV.
Netzer muß aber – wenn man ihm heute zuhört – Happel ganz schön beeinflußt haben: „Er hat immer gesagt: Wenn mich der Hamburger SV laufen läßt,

dann mach ich das! Unglaubliches Geld, toller Fußball und wahrscheinlich alles intakt. Aber wir haben schon immer gesagt: Das kann man nicht machen, Herr Happel, um Gottes willen, wir haben keine Mühen gescheut, um Sie hierherzuholen und haben soviel getan, wie der Verein nie wieder tun würde. Jetzt können wir Sie nicht aus dem Kontrakt entlassen, da würden uns die Leute ja für verrückt halten.
Das hat er sofort begriffen, trotz Riesenangebot. Und ich hab ihm immer gesagt: Herr Happel, was wollen Sie denn da, die verstehen Sie ja nicht, ich versteh Sie ja kaum, was wollen Sie denn bei denen drüben? Sie müssen mit den Spielern ja sprechen können. Und wenn Sie da keinen Verantwortlichen, Vertrauten in diesem Verein haben, geht's doch schief!
„Ich war schon beim Hamburger SV, aber im Gespräch mit Barcelona, und hatte schon fix abgeschlossen mit Napoli, bevor Maradona kam. Aber ich hab ein Prinzip: Egal, ob der Vertrag mündlich, schriftlich oder nur per Handschlag abgeschlossen wurde: Wenn der Verein in Ordnung ist, ist der Vertrag für mich Vertrag. Und wenn ich woanders das Dreifache verdienen kann – uninteressant. Ist der Verein aber nicht in Ordnung, dann kann ich immer noch einen künstlichen Wirbel provozieren..." Er bleibt.
Beim Hamburger SV feiert Happel auch seinen 60. Geburtstag – und die Deutschen huldigen ihm. Ein bißl Genie und sehr viel Mensch; der geniale Ausputzer; vom Charme her ein Wiener, von der Disziplin ein Preuß; Künstler, Grantler, Kettenraucher, Holzklotz, Zauberer, großer Schweiger – und Fußballer von Geburt.
Als er geht, läßt HSV-Sponsor BP in der ganzen Stadt Plakate affichieren: „Ernst, wir danken dir!" Er verabschiedet sich in Berlin als Cupsieger:
Udo Lattek trompetet vorm deutschen Cupfinale in „Bild": „14 Titel hab ich eingeheimst, bin stolz drauf und beruhigt, daß mich Happel beim Cupfinale in Berlin nicht einholen kann – obwohl die Österreicher Happels Vize-WM-Titel mit den Holländern fälschlich dazuzählen." Doppelter Irrtum, Herr Lattek. Happel hat Sie schon längst überholt, und Sie werden ihn nie mehr einholen.
HSV steckt ein schnelles 0:1 (Kurtenbach in der 12. Minute) gegen die Stuttgarter Kickers weg, gleicht schon drei Minuten später durch Beiersdorf aus. Zwei Minuten vor Schluß gelingt Kaltz das 2:1. Das Eigentor von Schlotterbeck zum 3:1, fast gleichzeitig mit dem Schlußpfiff, ist nur noch Formsache.
Happel geht als Cupsieger, läßt sich aber nicht lang feiern: *„Meine Herren, die Pressekonferenz ist beendet."*
Der Unterschied im Arbeiten – Deutschland oder Österreich – muß gewaltig sein? frag ich den „Zauberer".
HAPPEL: Das ist erstens Charakter-, Einstellungs-, Mentalitätssache. Dafür ist der Deutsche bekannt: Er mag schlecht spielen, aber er gibt alles bis zur

letzten Minute. Und er läuft sich tot, bis der Schiedsrichter abpfeift. Bei der österreichischen Mentalität nicht der Fall.

In Deutschland begeistert alle die Bundesliga?

HAPPEL: Erstens wirst Woche für Woche gefordert, ob du gegen den Ersten oder Letzten spielst – kein Unterschied. Und dann die tolle Kulisse! Als Spieler brauchst eine gewisse Stimulanz – du willst ja nicht gegen eine Betonwand spielen. Je mehr Publikum, um so besser.

Und spannend bis zum Schluß?

HAPPEL: Ist hochinteressant, heute nicht mehr zugespitzt auf ein, zwei Mannschaften. Das hast schon mit dem 1. FC Kaiserslautern gesehen. Zu meiner Zeit drehte sich alles nur um die Bayern und den Hamburger SV, die zwei absoluten Spitzenklubs, von Anfang bis Ende. Keiner konnte sich erlauben, mehr als drei Spiele zu verlieren – sonst wirst du kein Meister. Heute ist die Situation anders. Da sind fünf, sechs dabei, die Meister werden können.

Warum sitzen dann soviele Trainer – mehr denn je – in der Bundesliga auf dem Schleudersitz?

HAPPEL: Das hat sich die letzten Jahre beim Profifußball so entwickelt. Ein paar Sponsoren sind mit dem einen oder anderen Trainer nicht zufrieden. Das Geschäft ist nun mal so – damit muß man rechnen. Ist der Erfolg nicht da – wer muß gehen? Der Trainer, auch wenn er natürlich nicht immer schuld ist. Wäre ich als Präsident oder Vorstandsmitglied oder Sektionsleiter oder Manager mit der Arbeit des Trainers zufrieden – dann würde ich ihn auch in einer Periode, in der es nicht läuft, nicht entlassen. Denn wenn ich regelmäßig dabei bin, seh, wie sich der Trainer bewegt, wie er arbeitet, wie er Spielerversammlungen abhält und daß er in Ordnung ist – warum soll er dann gehen? Dem Trainer muß man immer eine Chance geben.

Wieso hat sich außer dir kein Österreicher – Senekowitsch, Latzke, Hickersberger – in der deutschen Bundesliga durchsetzen können?

HAPPEL: Erstens bist du Ausländer, da spürst gewissen Brotneid unter den Kollegen. Nicht überall, aber wenn du von Anfang an keinen Erfolg hast, geht's schon los. Dann kommen die Medien, das ist das Ärgste – und als junger Trainer fängst du an zu zittern, weil dir gewisse Routine fehlt. So kommt alles zusammen. Du spielst gut, verlierst aber trotzdem, weil der Tormann patzt oder was weiß ich. Aber ich glaube, die Hauptschuldigen sind verschiedene Funktionäre bei den Vereinen. Ich brauch keinen Vorstand mit 18 Mann, das ist eine Katastrophe – genau wie Politiker im Vorstand. Die sollen mir irgendwas verschaffen, ein Stadion hinbauen – aber sie sind unehrlich wie viele Funktionäre. Das zweite Übel: Für junge Trainer kommen noch die Medien hinzu. Diese zwei Punkte sind ausschlaggebend, daß man einen Trainer dann soweit bringt, daß ihn der Vorstand entläßt.

Was Happel für den Hamburger SV getan hat, bleibt unvergessen. Späte Fuß-

note: Im Juni 1991, acht Jahre nach dem Meistertitel und Europacupsieg, vier Jahre nach dem Cupsieg, besucht ihn der neue HSV-Präsident Jürgen Hunke in Tirol und überreicht ihm das Große Goldene Ehrenzeichen des HSV.
Am gigantischesten verdient hätte Happel auf den Spuren von Karl May und George Bush: Im Nahen Osten.
Happel im Irak, das ist wie ein Fußballkrimi. Der erste Kontakt erfolgt über einen Fußballagenten mit Decknamen „Kojak" im Hamburger Intercont: Ein Reporter, der mit der irakischen Delegation bekannt ist.
„Ich bin in Innsbruck beim Europacupspiel gegen die Russen im November, hab schon Vorbesprechung mit Swarovski, fahr in der Nacht mit dem Schlafwagen nach Wien, und nächsten Tag von Wien nach Bagdad, für drei Tage, sie wollen mich auf eine Woche einladen, darauf bin ich nicht neugierig, weil ich nur auf Kurzurlaub bin – und da ist mir das Wiener Kaffeehaus lieber zum Entspannen. Dann hatten die zwei Spiele angesetzt. Ich muß sagen: Was das Spielerische betrifft, taktisch, technisch bis zum Strafraum, war alles in Ordnung."
Beide Spiele sieht Happel aus der Königsloge, hinter dicken Panzerglasscheiben: „Ich geh bei 0:0, eine Viertelstunde vor Schluß. Später hör ich: Endstand 2:0."
Das Märchen aus „1001 Nacht" reizt den risikofreudigen Happel. *„Der Sportminister ist ein Sohn von Saddam Hussein – mit dem verhandle ich. Wieviel Geld, fragt er. Ich sag: 50 Millionen Schilling. Er schluckt und fragt: Brutto oder netto? Netto natürlich, und Fünf-Jahres-Vertrag. Dazu zweimal pro Monat Heimflugtickets, aber dafür jedes Jahr nur ein Monat Urlaub."*
Und ein Casino hätt's auch gegeben?
„Casino hat's auch gegeben, da bin ich raufgegangen. Aber zu dieser Zeit war im Irak der Dollar nichts wert, die D-Mark nichts wert, ich hab mir da zwei Campari-Soda angeschafft, 80 Mark gezahlt, dann haut der das erstemal die Kugel rein, die fällt gleich wieder raus..."
Also, das Casino auch nicht das Wahre?
„Na ja, er hat nicht gut reingeworfen, aber ich hab nicht mehr riskiert als 500 Mark, dann bin ich gegangen, weil da war der Campari-Soda zu teuer."
Happel sagt dankend ab.
„In Bagdad hätte ich nicht soviel zu tun gehabt – mehr in den Krisengebieten."
Der Irak ist zu dieser Zeit – 1987 – schon längst im Krieg mit dem Iran. Der Golfkrieg droht auch noch.
„Da säße ich heute noch dort... Ich hätte auch angenommen, wäre ich zehn Jahre jünger gewesen. Mit 50 ja, mit 60 nimmer."
Aber 50 Millionen? Waren die echt? *„Na ja, es ist natürlich über fünf Jahre gewesen."* Also 10 Millionen im Jahr. *„Eben. Aber da würde ich heute noch da sitzen..."*

III. Heimkehr

Ursprünglich hat Swarovski-Chef Gernot Langes einen sensationellen Einstieg in die Formel 1 geplant: einen grün-weißen Swarovski-BMW für Gerhard Berger, 1985. Das Projekt platzt, weil nicht alle Familienmitglieder zustimmen.
Statt dessen kauft Langes den deutschen Superstar Hansi Müller nach Supertoren in der „schönsten Liga der Welt" (Italien) – und später Ernst Happel. Hart, härter, am härtesten. *„Einmal hetzt mich der Masseur auf der Berg-Isel-Sprungschanze rauf und runter. Du, sag ich ihm, ich bin ka Fußballer!"*
Das erste Jahr ist eine Enttäuschung. FC Tirol, von innen. Happel verrät, was sich am Tivoli abspielt.
„Nach vier Wochen sag ich zum Präsidenten Langes: Sie haben da ein wunderschönes Panorama – aber es fällt mir überm Kopf zusammen. Ich schlag Ihnen vor: Wir gleichen uns aus – und Sie verkaufen am besten die ganze Mannschaft!"
Aber Langes akzeptiert nicht: WEITERMACHEN! verlangt er. *„Ein Jahr später schmeiß ich 13 Spieler raus. Es geht um die Einstellung. Ewig verletzt und so."*
Ein Spieler (Kapitän Koreimann) klagt über Adduktorenzerrung. *„Okay, sag ich, langsam gradauslaufen. Sagt er trotzig: Da kann ich ja gleich in der Kabine bleiben. Darauf ich: Du brauchst überhaupt nimmer kommen – und schmeiß ihn raus."*
Koreimann erzählt: „Alle Spieler haben zu mir gesagt, daß wir zuviel trainieren. Ich war der Kapitän damals, bin bei der Besprechung aufgestanden und habe gesagt: ‚Trainer, ich glaube, wir trainieren zuviel. Und der Trainer hat dann gefragt: Wer ist noch der Meinung? Dann hat sich kein anderer gemeldet, jetzt war ich der Blöde."
„Blödsinn", sagt Happel, *„der hat eine Adduktorenverletzung gehabt."*
BRUNO PEZZEY: „Ich kann mich noch genau erinnern: Happel hat auch gesagt: ‚Am besten, wir sperren hier zu', denn er hat die Spieler überschätzt. Geglaubt, die können mehr. Er hat wahrscheinlich nie mit einer Mannschaft gearbeitet in der Bundesliga, wo er Spieler formen mußte. Er hatte immer fertige Spieler. Also brauchte er nicht viel zu sagen, hat alles in die Übungen mit reingenommen. Und jetzt, plötzlich, waren junge, unroutinierte Spieler, und mit denen mußte man reden. Und des wollte er einfach net. Er hat gesagt, ‚das ist ein Bundesligaspieler, und i muaß des von ihm verlangen'. Na, ja, hat er zu mir gesagt, ‚red du, du muaßt des machen'."

Zwei Rapidler in Holland: Franz Hasil, von Schalke 04 gekauft, im Feyenoord-Dress gegen den deutschen Ajax-Legionär Blankenburg, später Sportklub. Schon im Training gab es brutale Zweikämpfe mit Israel und Laseroms. Aber wenn sich Hasil beklagte, schickte ihn Happel weg: „Hau di in Schnee!"

„Die Holländer sind die Chinesen von Europa." Bei Cupsieger ADO den Haag hatte Happel einen Supertormann (oben), bei Feyenoord war die halbe Truppe Weltklasse. Stehend: Romey, Wery, Treytel, van Duivenbode, Israel, Pieters-Graafland, der eigenwillig-geniale van Hanegem, Geels und Haak. Sitzend: Hasil, Laseroms, Kindvall, Veldhoen, Trainer Happel, Moulijn, Jansen und der Masseur.

„Wenn ich vom Fußball 2000 hör, muß ich lachen. Den hab ich schon vor 20 Jahren mit Feyenoord gespielt!" Zweimal Schweden-Legionär Kindvall in voller Aktion: gegen Milan (oben) und gegen Celtic Glasgow (unten). Happel ließ schon damals „Pressing" spielen.

Tor! Tor! Tor! Das Goal, das Ernst Happel zum Europacupsieger 1970 machte: Ove Kindvall, Feyenoords schwedischer Goalgetter, schießt in der „Hölle von San Siro" das 2:1 gegen Celtic Glasgow. Ein Schuß, ein Bild, ein Tor: So schön kann Fußball sein.

Happel war mit Feyenoord um Jahre voraus, weil er revolutionäre Übungsmethoden fand: z.B. Trainingsspiele, in denen nur die Verteidiger die Tore schießen durften – oder Spiele auf sechs Tore. Happel und Feyenoord, die Vorbilder, wurden nach ihrem Europacup- und Weltcuptriumph vielfach kopiert.

So süß schmeckt der Europacupsieg: Jubelnde Feyenoord-Spieler nach dem Schlußpfiff in Mailand. Israel, van Duivenbode, Haak, Moulijn, Jansen und Kindvall mit der Trophäe. „Wer sind die berühmtesten Holländer?" fragte das Fernsehen. „Königin Juliane, Happel und Hasil", war die Antwort. Später kam noch Crujff dazu...

„Die beste Mannschaft, die ich je trainiert habe? Das waren zwei: Feyenoord und die holländische Nationalmannschaft!" Ernst Happel mit Verbandssakko und Verbandskrawatte. Max Merkel boshaft: „Er spricht fünf Sprachen – und die alle gleichzeitig."

Zwischen zwei Fronten: Happel als Klubtrainer in Belgien, führt aber die Holländer zur WM 1978 nach Argentinien. Die „Roten Teufel" und die „Oranjes" sind ja nicht gerade die besten Freunde. WM-Qualifikation Holland – Belgien (1:0) 1977. Oben schnappt Pfaff Geels den Ball weg, unten rettet Jongbloed vor Thissen, links Krol.

Weltbürger Ernst Happel. „Für ihn war Europa bereits offen und grenzenlos, als davon noch kaum die Rede war. Er war mit der größter Selbstverständlichkeit Wiener, Österreicher und auch Holländer, Belgier oder Deutscher", sagte Bundeskanzler Vranitzky. Und so huldigt man dem „Zauberer" noch heute in Brügge.

DEEL 5

100 JAAR CLUB BRUGGE K.V.

De komst van een 'Weltmeister'

Ernst Happel werd geboren in Wenen op 29 november 1925. Hij was 13 jaar oud toen hij bij Rapid Wien aansloot en op zijn zestiende stond hij in het eerste elftal als centrale achterspeler van het in die jaren wereldvermaarde 'Rapid'. Niet voor niets verwierf Happel op korte tijd de bijnaam 'Weltmeister'. Hij speelde met Oostenrijk 51 interlands met als hoogtepunt de wereldbeker in Zwitserland in 1954, waar Oostenrijk schitterend derde werd.

Ernst Happel vertrok na dit wereldvoetbaltornooi naar Frankrijk om er bij Racing Club de Paris te voetballen. Hij

Ernst Happel met Michel D'Hooghe (links) en Antoine Vanhove (rechts).

Ernst Happel met de Belgische Beker 1977.

keerde enkele jaren later, als coach van Rapid Wien, naar de heimat terug. Hij vervolgde zijn trainersloopbaan bij ADO Den Haag (7 seizoenen) om in 1968 bij Feyenoord aan de slag te gaan. Met succes overigens : Nederlands kampioen, in 1970 winnaar van de Europabeker voor landskampioenen (tegen Celtic Glasgow) en winnaar van de Wereldbeker tegen Estudiantes uit Buenos-Aires. Ernst Happel, in januari 1974 48 jaar en op dat ogenblik trainer-aan-de-deur bij het Spaanse Sevilla en belanghebbende partij in het touwtje-trekken rond de trainersfunctie bij de Nederlandse nationale ploeg, was het belangrijkste agendapunt op de Raad van Beheer van Club Brugge, bijeengekomen op 21 januari 1974. Nog dezelfde avond besloot de Clubleiding Ernst Happel als nieuwe trainer aan te werven.

Tot december 1978 bleef hij aan het Brugse trainersroer met een opvallend palmares : landstitels in 1976, 1977 en 1978 ; de Belgische beker in 1977 ; Uefacupfinale tegen Liverpool in 1976 ; finale Europabeker voor landskampioenen tegen FC Liverpool in het imposante Wembleystadion in 1978. Na de Europese finale op Wembley was hij ook coach van de Nederlandse nationale ploeg op het wereldkampioenschap in Argentinië (1978). Nederland werd er tweede, na verlies in de finale tegen Argentinië. Na FC Brugge was Happel ook nog in dienst bij tweedeklasser Harelbeke, Standard Luik en Hamburg SV.

In Brügge hatte Happel 1951 mit Rapid die berühmte Arsenal-Mannschaft 6:1 niedergekantet – in Brügge war er auch als Trainer besonders erfolgreich: dreimal Meister, einmal Cupsieger, im UEFA-Cupfinale. Das Jubiläumsbuch zum 100. Geburtstag beinhaltet viele Happel-Seiten. Traurig: Als FC Brügge im Herbst 1992 in Wien gegen die Austria spielte und die Reporter Happel besuchen wollten, lag ihr Meistertrainer bereits im Krankenhaus.

Gekrönte Häupter, gekrönte Trainer: Happel (rechts, korrekt im Stresemann) mit Königin Fabiola und König Baudoin (oben). Unten: Happel gegen Rapid – auf der Betreuerbank von Standard Lüttich, dem belgischen Cupsieger 1981. Zwischendurch machte Happel in Belgien Tapeten-Werbespots und rettete Harelbeeke vor dem Abstieg.

Happel gegen Österreich! Bei der WM 1978 hatte Happel die holländische Nationalelf übernommen und traf in der Zwischenrunde auf Österreich. Oberes Bild: Ernie Brandts köpfelt gegen Koncilia das 1:0, links Robert Sara. Mitte: Pepi Hickersberger geht gegen Johnny Rep in die Knie. Unten: Rep schießt das 3:1. Bitteres Ende 5:1.

14. 6. 1978, Cordoba: Als hätten die Holländer immer einen Mann mehr auf dem Feld. Hier kämpft Willi Kreuz gegen Rep und Poortvliet. Nach dem 2:1 gegen Spanien, 1:0 gegen Schweden, 0:1 gegen Brasilien, 0:1 gegen Italien war das 1:5 gegen die Oranjes eine Ohrfeige. Danach schlug Österreich aber die BRD sensationell 3:2.

Happels Holländer – oben: Rensenbrink, de Bree, Krol, Willi van de Kerkhof, Lubse, van Kraay, Rep – Mitte: van Hanegem, Neeskens, Suurbier, van Rijsbergen, Boskamp, Hovenkamp, Brandts, Jongbloed, Doesburg – Unten: Jansen, Schrijvers, Wildschut, Poortvliet, Trainer Happel, Trainer Zwartkruis, Rene van de Kerkhof, van Leeuwen, Haan. Das Action-Foto: Haan und Poortvloiet spielen Pressing gegen Bertoni.

Oben: Hallo, Herr Schiedsrichter! Rene van de Kerkhof zieht dem Argentinier Tarantini fast das Leibchen aus. Unten: Fliegende Menschen im WM-Finale. Rep wuchtet einen Kopfball aufs argentinische Tor, links Rensenbrink, der in der 90. Minute bei 1:1 an die Stange schoß, und Passarella. Happel: „Hätten wir 2:1 geführt, hätte der Referee sicher noch einen Elfer gegen uns gegeben..."

So nahe dran: Erst Jubel, dann Entsetzen bei den Holländern. Argentinien gewinnt das WM-Finale 3:1. Jongbloed, Poortvliet, Rene van de Kerkhof und Schoeaker weinen in der Kabine. Ernst Happel ist also nie offiziell Weltmeister geworden, aber für die Fußballwelt wird er es immer bleiben, der „Wödmasta".

Ihr wart ziemlich kaputt nach dem ersten Jahr, konditionell, kräftemäßig?
PEZZEY: „Man muß die ganze Situation sehen. Der Happel is gekommen, kein Urlaub, sofort ins brutale Trainingslager. Dort hat er die Mannschaft hingemacht. Jetzt die Frage: Ich weiß net, ob er des ganz bewußt gemacht hat, daß er amal die Spieler total totmacht. Aber bis sich die Spieler erholt haben, das hat natürlich einige Zeit gedauert. Einige Spieler waren noch zu jung und zu unroutiniert. Aber eines war klar: Die Spieler haben gewußt, was er will. Wie hart er sein kann und was er alles verlangt. Das hat uns – glaub i – nachher die Basis geschaffen für das zweite Jahr."

Er hat ja fast die ganze Mannschaft ausgetauscht?
PEZZEY: „Im ersten Jahr hat er in 21 Spielen 21 verschiedene Aufstellungen. Er wollte alles durchprobieren. Daran hat man schon gemerkt, daß ihm im ersten Jahr der Erfolg ziemlich egal war. Darum hat er die Spieler alle durchprobiert, gecheckt, und dann hat er angefangen auszusortieren und hat auf die anderen Positionen Verstärkungen geholt."

Und irrsinnig viele Spieler ausgewechselt?
PEZZEY: „Meiner Meinung nach zuviel. Also, da war ein ständiges Rein, Raus, die Spieler waren total verunsichert, haben sich überhaupt nicht mehr ausgekannt. Dann ist dazugekommen der große Name „Happel", und dann noch: spiel i?, spiel i net? Sie haben überhaupt kein Selbstvertrauen gehabt, und das hat sie sehr verunsichert."

Habt ihr Angst gehabt vor ihm?
PEZZEY: „Ich nicht, aber andere, die hatten wirklich große Angst."

Aber ihr habt enorm gelernt?
PEZZEY: „Happel war immer ein Praktiker. Er hat sich sehr viel informiert von überall. Er hat Bücher gelesen. Man hat immer geglaubt, er schüttelt das immer nur so aus dem Ärmel heraus. Er hat sich mit der ganzen Materie sehr, sehr genau beschäftigt. Sieht man auch an seinem Trainingsprogramm: Umfangreich, wie ich es von keinem anderen Trainer erlebt habe."

Kannst du das präzisieren?
PEZZEY: „Die Arbeit war meistens mit Ball, immer verschiedene Übungen. Man hat nie gewußt, was kommt. Alles sehr abwechslungsreich. Man mußte immer höllisch aufpassen, er hat mit seinem scharfen Auge immer alles sehr überwacht, hat von uns immer sehr viel Disziplin, Einsatz und Willen gefordert. Und sein häufigstes Wort war: „Tempo und bewegts euch!" Das Training ist gelaufen, ziemlich ruhig, und auf einmal war irgendein Schrei: „Tempo!" oder „Bewegts euch!", wie er es immer ausgedrückt hat, da sind die meisten immer zusammengezuckt. Weil man hat nie gewußt, wen er meint."

Hat er euch sehr hart behandelt?
PEZZEY: Im Profigeschäft muß man hart sein. Ernst Happel war zu sich selber am härtesten.

Aber es hat sich ausgezahlt?

PEZZEY: „Es ging soweit, daß ihn viele Spieler auch gehaßt haben, des kann man ruhig sagen. Aber er war kein Peitschenknaller wie Max Merkel oder wie Branko Zebec, den hatte ich in Frankfurt. Der war noch brutaler. Zebec hat sein Trainingsprogramm durchgezogen, da waren wir nach eineinhalb Jahren fertig, einfach kaputt. Der hat die Mannschaft ausgelaugt. Aber des war gerade die Kunst vom Happel: das Gefühl zu haben, viel zu trainieren, alles abzuverlangen, seine Mannschaften haben das über Jahre hinweg ausgehalten. Das war das Entscheidende.

Swarovski gegen Rapid, Swarovski gegen Austria: das sind gepfefferte Duelle.

„Aber nicht Happel gegen Krankl oder Happel gegen Prohaska", bremst der Meister jedesmal.

Rivalität gehört zum Fußball. Im Hanappi-Stadion erzwingt Happel mit massierter Abwehr – sogar Gorosito im eigenen Strafraum, nur Westerthaler vorn – einen 1:0-Sieg. Peter Linden schreibt von „Alpen-Catenaccio", worauf Happel bös ist. Krankl auf Happel auch: „Wenn ich so spiel, pfeifen mich die Leut vom Platz. Aber wenn's der Happel macht, ist alles richtig."

Darauf Funkstille. Als es Happel 1991 schlecht geht, überwindet Krankl seinen Stolz – obwohl Rapid schon sieben Spiele ungeschlagen ist: „Trainer, wie geht's?" Happel freut sich, kurze Plauderei, dann wünscht der „Goleador" dem Zauberer „alles Gute, vor allem Gesundheit".

Zwei Meistertitel, ein Cupsieg. Den Hattrick verpaßt Happel 1991 nur um ein einziges Tor: Proseniks Gewaltschuß zum 2:2 gegen Admira, der den FC Swarovski den Titel gekostet hat – tut das weh? *„Nein, weil wir den Titel nicht wegen dem einen Tor verloren, sondern schon vorher verschenkt hatten. Sechs Punkte – hätten wir nur einen davon gemacht! Aber Nachtrauern hilft im Fußball nix."*

Er entdeckt Vaclav Danek und kauft ihn für 1,4 Millionen Schilling – ein billiger Torschützenkönig. Innsbruck verkauft ihn später für 4 Millionen an Le Havre – und holt ihn billig zurück.

Und Happel trennt sich von den Stars Lindenberger, Müller Gorosito usw.

Happel über Lindenberger: *„Ich hab ihn nicht loswerden wollen. Hat sich nur so ergeben. Er ist doch in einem bestimmten Alter, hat den Rücktritt gehabt von der Nationalmannschaft, und dann das 1:9 gegen Real Madrid. Da kann ich ihm natürlich nicht die Hauptschuld geben, da war die ganze Mannschaft schuld, wenn man 9:1 verliert. Man muß systematisch verjüngen. Jetzt hab ich begonnen beim Tormann und den jüngeren hineingestellt."*

Happel über Müller: *„Der Hansi war ein verdienstvoller Spieler beim FC Swarovski, auch vor meiner Zeit, aber für jeden Spieler kommt einmal das Ende. Der Mann ist vernünftig genug, daß er sagt: Was brauch ich einen schlechten Abgang? Wir haben ihm den Abgang natürlich so schön wie möglich gemacht,* *nur hab ich schon mitten in der Saison mit der Verjüngung begonnen. Ich wart ja nicht und versäum ein halbes Jahr. Aber, da wird er natürlich ein bißchen enttäuscht sein, der Herr Müller.*

Happel über Gorosito: „*Ein guter, technisch hervorragender Fußballer. Aber dann kommen gewisse Faktoren zu Tage: Der Tod seines Vaters. Die Mentalität der Südamerikaner, Akklimatisation usw. Da hat er Schwierigkeiten, aber fußballerisch ist er gut herausgekommen. Starker Beginn, schwächer geworden, dann zurückgekommen. Er ist positiv, hat Charakter: Als wir im Cupspiel gegen die Vienna verloren, hat er geweint. Das zeigt, daß er Moral hat.*"

Am bittersten für Happel: Das 1:9 gegen Real Madrid.

„*Ich vergeß sowas schnell, ich überwinde das, aber es bleibt doch das 1:9, da bleibt irgendetwas hängen. Meine schwerste Niederlage aller Zeiten.*"

Also immer noch ein bißchen traurig?

„*Na, traurig, was ist traurig.*"

Die Fehler schon analysiert?

„*Erstens können wir sowieso nicht zumachen, zweitens haben wir gut mitgespielt. Trotzdem 1:9 – das klingt ein bißchen paradox. Von der Bank aus kannst du das weniger sehen, und dann hab ich es mir zweimal im Fernsehen angeschaut, einmal allein und einmal mit der Mannschaft, da war ein ganz anderes Bild: Bei 3:1 hat man uns glatt ein Tor weggenommen, ein reguläres, der Danek war hinter der Abwehr, nach 30 Minuten kann es 3:3 stehen nach meinem Ermessen, laut Spielverlauf. In der Pause vielleicht 5:4 oder 4:3. Dann haben wir noch zwei Chancen durch Gorosito. Die letzte halbe Stunde waren wir total weg, aber wennst solche Tore bekommst...*"

Gegen Liverpool schnappt die Abseitsfalle nicht zu. Dann wird Happel Teamchef. Sein Nachfolger: Horst Hrubesch.

„*Ich kenn auch andere Trainer, aber der Horst hat bei mir immer einen guten Eindruck hinterlassen, auch als Kapitän beim Hamburger SV, als Spielführer, er war meine rechte Hand dort. Ein richtiger Kumpel vom Ruhrgebiet, korrigiert viel beim Training, klärt die Spieler auf. Die fassen das manchmal als Beleidigung auf, das ist eben unsere Mentalität. Für einen Deutschen oder einen Holländer ist es selbstverständlich, wenn ein Co-Trainer ein bißchen energischer hineinfunkt.*"

In Innsbruck schimpfen einige später ihrem langjährigen Trainer nach. Sinngemäß: Er wollte uns zerbrechen! In Happels erster Teamaufstellung scheint nur noch ein Tiroler (Hartmann) auf, aber auf die Vorwürfe reagiert er enttäuscht: „*Ja, bin ich denn wirklich ein so schrecklicher Mensch?*"

DÄMONISCH AUF DER TRAINERBANK

Ernst Happel, der Zauberer, auf der Betreuerbank: Keineswegs „Beethoven in der Endphase", sondern total konzentriert; unbewegt, aber die Augen brennen. Ein Gesicht, in das sich tausende Fußballschlachten, mit Jubel und Dramatik, mit falschen Elferpfiffen, Abseitsfallen, Lattenpendlern und Volleytoren wie mit Salzsäure eingemeißelt haben.

Sein Gesicht: Mystisch bis dämonisch. Mit den buschigen Augenbrauen, von denen einmal ein HSV-Spieler sagt: „Da kannst ein Bierglas draufstellen."

Aber Happel ist auch „der einzige Trainer der Welt, der auch hinten am Kopf zwei Augen hat, weil er im Training alles sieht", sagt Didi Constantini.

Happel vorm Ankick – das ist halb Placido Domingo, bevor er auf die Bühne tritt, halb Edison, bevor er die Glühbirne erfindet. Man spürt sein inneres Feuer: Faszination Fußball.

„Ich liebe diese Atmosphäre vorher. Am liebsten Entscheidungsspiele. Je größer der Gegner, um so besser. Am liebsten spiel ich zweimal in der Woche gegen Brasilien..."

Manchmal sitzt er, im Qualm seiner geliebten „Belga", ganz allein in den Stadion-Katakomben, während seine Kicker draußen aufwärmen. *„Ich konzentrier mich. Simulier das Match. Stell mir Szenen vor, die kommen können – und wie ich drauf reagieren muß. Ich hab immer drei taktische Varianten!"*

Happel, der Herrscher auf Europas Fußballfeldern: *„Ein Auswärts-0:1 im Europacup ist ein trügerisches Ergebnis. Gut, damit im Rückspiel die Leute kommen, aber gefährlich: Wennst noch ein Tor kriegst, mußt drei schießen."*

Daran scheitert Rapid später gegen Dynamo Kiew.

Was geht während eines Spieles in ihm vor? Du sitzt unbewegt auf der Betreuerbank, kommst erst in letzter Zeit öfter an die Outline. Schluckst du Ärger, Frust über den Schiedsrichter, vielleicht über Spieler in dich hinein?

„Eigentlich hatte ich nie eine Kontroverse mit den Schiedsrichtern, im Ausland überhaupt nicht, ab und zu jetzt in Österreich. Da bin ich froh, daß ich jetzt hineinlauf, mich ein bißchen abreagiere, weil ich ja schon zwei Magenoperationen hinter mir hab. Eben durch das ruhige Sitzen, durch das alles Hineinfressen. Man muß als Trainer nicht alles reinfressen, sondern man muß ab und zu aufspringen, Lärm machen, hinausplärren oder wie man es sagt auf Wienerisch – dann hätte ich keine Magengeschwüre bekommen! Ob ich aber jetzt, was weiß ich, ein Europacupfinale gewinne in der Verlängerung, 118. Minute Siegestor – da werde ich nie aufspringen, sondern ruhig sitzenbleiben. Das ist meine Manier. Nach außen hin. Was nach innen zugeht, ist natürlich wieder ein anderes Kapitel.

Die Freude über 18 Titel, drei davon mit FC Tirol, geht mehr nach innen, oder?

"Geht mehr nach innen, ja."
Aber in Tirol bist du auf der Bank aggressiv wie noch nie?
"Manchmal wird halt dumm gespielt. Jetzt bin ich schon fünf Jahre in Innsbruck, aber die Spieler machen immer die gleichen Fehler. Darum bin ich zum Beispiel gegen Sturm Graz mehr aufgesprungen als auf der Bank gesessen." –

20.000 DOLLAR FÜR DEN SCHIEDSRICHTER

Lieber Fußballfan, erinnern Sie sich noch an Rapids Europacupdrama gegen Inter 1990? Als Hans Krankl nach ein paar falschen Schiedsrichterpfiffen bitter enttäuscht Gift spritzte: "Wir haben heute die Macht von Inter gespürt! Aber nicht auf dem Spielfeld – denn dort waren wir die Besseren." Ein Geruch, den schon manche Profitruppe umweht hat. Ein Blick zurück: Auch Happel kämpfte mit Feyenoord gegen die Macht von Italienern im Europacup. Und er verrät mir eine sensationelle Story: Millionenshow Europacup backstage. Ich weiß das Spiel, kenn den Schiedsrichter und den Agenten. Europacup, erstes Spiel in Rotterdam. Ein Wiener Emigrant bietet Happel an: "Ich glaub, mit dem Schiedsrichter kann man was machen." Und bietet dem Referee eigenmächtig an: "20.000 Dollar sind drin." Happel ist skeptisch, auch grundsätzlich und total dagegen: *"Schiedsrichterbestechung ist nicht meine Manier!"*
Und was passiert im Match wirklich? *"Er gibt im Heimspiel einen klaren Handselfer für uns nicht!"* Das Stadion brodelt, der Volkszorn kocht. Da ist für Happel, aber auch für den Agenten endgültig klar: *"Sag ihm: Der kriegt nix, wir hätten sowieso nix gezahlt!"* Und ein Lächeln nach 20 Jahren: *"Wir sind dann sowieso aufgestiegen..."*
Für den Fußball-Macho Happel sind die ärgsten Schiedsrichter *"immer diejenigen, die nach einem Unentscheiden kleinlaut zu Hause anrufen: Schatzilein, ich muß leider noch zwei Tage wegbleiben – Wiederholungsspiel. Das sind die, die zu Haus nix zu reden haben: Simandl!"*
"Nein, ich hab überhaupt keine Probleme mit den Schiedsrichtern", rekapituliert Happel. "National als Spieler wie als Trainer, als Trainer auch international, hab ich noch nie eine Kontroverse mit einem Schiedsrichter gehabt. Ich versteh ja einen Schiedsrichter, weil ich ja selber kein Schiedsrichter sein will ... aber ich hab mit dem Herrn Prohaska da einmal ein Kontroverse."
Drei gelbe Karten für Tirol, keine einzige für den Gegner, was Happels Gerechtigkeitssinn empört: *"Ich versteh nicht das Verhältnis mit den gelben Karten!"* Prohaska: "Ich gib Ihnen 10 Sekunden zum Hinsetzen." Das kann man einem Happel nicht befehlen – niemand: *"Nehmen Sie zur Kenntnis:*

Ich hab keine Stoppuhr, nur beim Training." Weil seine Fußspitze die Outlinie berührt, machen sich die Ordner wichtig. Happel: *"Wenn ihr mich anrührt's, kastrier ich euch!"* Alle weichen zurück.
Plötzlich kauert ein kleines, schüchternes Männchen neben Happel nieder. *"Ja, was machst denn du da?"* Antwort: *"Ich beschütz Sie..."*
FC Tirol – Admira 3:1. Nachher klopft Happel artig an die Tür der Schiedsrichterkabine: *"Entschuldigen Sie bitte die Störung. Ich möchte mich nur für die katastrophale Schiedsrichterleistung bedanken."*
Ein anderes Mal trifft er den Schiedsrichter beim Heimflug im Flugzeug. *"Ich pfeif aus Freude"*, sagt er zu ihm. Happel: *"Das akzeptier ich. Ich akzeptier auch Fehler. Ich brauch keinen Schiedsrichter für mich. Ich will ihn nur nicht gegen mich haben."*
Oder: Ein übersehenes Hands im Strafraum. *"Warum schimpfst?"* fragt Happel seinen Stürmer. "Weil er uns einen Elfer gestohlen hat." Darauf fragt Happel den Schiedsrichter und hört von ihm: "Ich hab kein Hands bemerkt." Happel: *"Schon in Ordnung. Ich hab auch nix gesehen."*
Und er erinnert sich grinsend: *"Früher, als aktiver Fußballer, hab ich dem Linienrichter immer selber das Abseits angezeigt!"* Im Sommer 1991 hat Happel, wie so viele, Probleme, sich an die neuen Fußballregeln zu gewöhnen. Am Tivoli kommentiert er sie mir so:
"Wer sie erfunden hat, muß ein Schwachsinniger gewesen sein. Ich seh, daß die Schiedsrichter immer noch viel Mühe haben. Nicht nur mit dem Abseits auf gleicher Höhe, auch mit der Foulregel, und vor allem dem Handspiel im Strafraum. Der eine legt es so aus, der andere so: Wenn ein Abwehrspieler noch hinten ist, zieht er nicht Rot – wird aber ein durchbrechender Spieler vom letzten Mann gefoult, gibt es Rot. Da hab ich schon viele Irrtümer gesehen. Beim Hands im Strafraum gibt es natürlich gewisse Reaktionen und Reflexe – die kann sich keiner über Nacht abgewöhnen. Aber ich versteh nicht, warum für das gleiche Vergehen dreimal bestraft werden muß: Rote Karte, Elfer, und dann wird der Spieler womöglich noch für zwei Spiele gesperrt. Ein Schwachsinn!"
Hast du schon einmal so revolutionäre Regeländerungen im Fußball erlebt? *"Wenn's beim Fußball nicht läuft, kommen sie immer mit neuen Ideen. Der Fußball an sich ist primitiver geworden. Du mußt mit Kopf spielen, mit Phantasie und Improvisation – aber das können heute nur noch herzlich wenige. Mit den Regeln hat das nichts zu tun."*
1992 kommt die neue Tormann-Rückpaßregel dazu. Gegen Stahl Linz kassiert Michi Konsel ein ganz unglückliches Tor – das ihm Happel lang nicht verzeiht. "Da ist er stur."
Für die Zukunft hat Happel keine neuen Regelwünsche. *"Vielleicht Freistoß nach dem dritten Rückpaß, sonst nix."*

„GRETA GARBO" DES WELTFUSSBALLS

Interviews mit Happel: Jahrelang kostbar und so rar wie mit Greta Garbo. Als er nach Tirol überwechselte, sagte er einmal: *„Ich gib nur solchen Figuren Match-Interviews, die in der Zeitung FC Swarovski schreiben. FC Tirol ist zuwenig."* Worauf „Krone"-Sportchef Michael Kuhn, mit Happel jahrelang gut befreundet, aber noch vom Wortungetüm „GAK de Beukeleer Butterkeks" geschreckt, in seiner Kolumne von „sanfter Erpressung" schreibt. Happel ist bös, bis er von der „Krone" als „Trainer des Jahres" im Hilton geehrt wird und ihn Michael spontan fragt: „Du, sollten wir uns nicht wieder vertragen?"
Darauf Happel, grantig: *„Ich geh in drei Jahren in Pension, das steht sich mir nimmer dafür"* – und dann müssen beide lachen.
Mai 1990. Happel sagt mir eine exklusive „Sport und Musik"-Radiosendung zu. Kein Kurzinterview, sondern gleich die ganze Sendung. Weil der FC Tirol gerade in der Autobahnraststätte Großram kaserniert ist, bauen wir dort das Studio auf.
Am Abend davor fahren meine Frau Nora und ich nach Salzburg: Abendessen mit Jackie Stewart.
Am Weg hinaus tanken wir in Großram. Und wer steht draußen, in Zigarettenqualm eingehüllt? Ernst Happel.
Wir plaudern auf der Terrasse eine Stunde. Er erzählt von seinem *„Schatten auf der Lunge"*, von seinen zwei Magenoperationen 1985/1986. Von dem *„Tumor, den man in Hamburg entdeckt hat. Aber der war gutmütig."* Wie er 1986 zum erstenmal einer Diagnose entgegenzitterte: *„Ich ließ mich in einer Wiener Privatklinik durchchecken – unter falschem Namen."*
Tags darauf: Die Sendung aus Großram. Der große Happel, 45 Minuten auf Ö 3. Ich komm, von Stewart aufgehalten, eine halbe Stunde später als ausgemacht. Und wundere mich noch heute, daß er gewartet hat.
Während seiner Tirol-Zeit hat er, ganz selten, „Exklusivgeschichten" in Illustrierten nur für Geld zugestimmt – dieses aber sofort für karitative Zwecke umdirigiert und nie einen Groschen behalten. Später, 1992, *„ist das was anderes. Da muß ich mit allen reden. Ich bin ja jetzt Teamchef"* – und leiser Stolz schwingt mit.
Für mich, und dafür dank ich ihm, hat er immer Zeit, egal ob mit Mikrofon, Notizblock oder einfach so zum Essen. Später, als ihm das Sprechen immer größere Mühe macht, fragt er manchmal: *„Kannst meinen Text von der Pressekonferenz nehmen? Ich kann mit dir net immer a Ausnahme machen."*
Manchmal sowieso, sag ich, danke, und er korrigiert: *„Meistens."*

HAPPELS ALLSTARS

Europacupsieger, Weltcupsieger, Vizeweltmeister, 18 Titel – worauf ist Happel am meisten stolz?
HAPPEL: Auf alle Erfolge. Ich bin kein stolzer Mensch ... aber am meisten auf meine langjährigen Verträge bei meinen verschiedenen Stationen. Ich hatte bei Ado den Haag, Feyenoord, Brügge, HSV, Swarovski Verträge über vier bis sechs Jahre. Was beweist, daß irgendwie auf solider Basis gearbeitet werden muß – und zwischen Trainer und Vorstand Einverständnis herrscht. Eine Mannschaft so zu trainieren, daß sie nach einem Jahr tot ist – keine Kunst.
Lieblingsvereine? Lieblingsstädte? Wo war's am schönsten?
HAPPEL: Überall, wo ich Erfolg hatte. Für mich ist immer das Wichtigste: Wie ist der Vorstand bei dem Verein? Je weniger, um so besser. Sind es 18, hab ich sowieso kein Interesse – weil der eine oder andere Ministrant sitzt immer drin. Ein Vorstand mit drei, vier Menschen genügt mir vollkommen.
Präsidenten?
HAPPEL: Den such ich mir am liebsten selber aus.
Dreinreden darf dir keiner?
HAPPEL: Da brauchen's mich nicht holen.
Die besten Mannschaften, die du je trainiert hast?
HAPPEL: Feyenoord und das holländische Nationalteam. Bei beiden Mannschaften hat einfach alles gestimmt – obwohl Holland '74 stärker war als '78.
Und ein „Dream Team", die Auswahl der besten Kicker?
HAPPEL: Da könnte ich fünf, sechs Nationalmannschaften aufstellen ...
Die besten Spieler?
HAPPEL: Schwer zu sagen. Stürmer, Mittelfeld, Abwehr, Torleute.
Bester Tormann?
HAPPEL: Da kann ich nur sagen, Zeman – von meiner Zeit gesprochen. Als Libero Beckenbauer, Israel und verschiedene drüben in Südamerika. Mittelfeldspieler: Hanappi, Ocwirk, Bozsik, da kann man viel aufzählen. Stürmer gibts natürlich mehrere von Weltklasse, in erster Linie Puskas, di Stefano, dann die Brasilianer Didi und Pele, der österreichische Stojaspal ... also da kann man ja auf jeder Position 30 aufzählen. In Österreich hatten wir ja nicht nur eine Nationalmannschaft, da hätten wir ja drei Nationalmannschaften aufstellen können.
Und die größte Mannschaft, die es je gegeben hat. War das das ungarische Wunderteam in den fünfziger Jahren?
HAPPEL: Ich muß sagen: Es ist nicht immer die beste Mannschaft, die Weltmeister wird. Das hat sich 1954 bewiesen. Ich will Deutschland da nichts aberkennen. Die Deutschen waren kollossal; konditionell 100prozentig auf der

Höhe, aber die absolut beste Mannschaft war in den fünfziger Jahren das ungarische Nationalteam.
Die erfolgreichen, die guten Trainer?
HAPPEL: Das kann man als Außenstehender nie beurteilen. Da muß man ja dabeisein, bei den Trainern, die arbeiten, die eine Mannschaft vorbereiten, die täglich arbeiten. Anwesend sein, daß man ein Urteil abgeben kann über einen Trainer – und wenn man nicht dabei ist, kann man kein Urteil abgeben. Das kann ein guter Trainer sein, wenn er die Erfolge hat. Oder er hat so eine Bomben-Mannschaft, daß er automatisch gewinnt. Aber um einen Trainer zu beurteilen, muß man ihm zuschauen. Jede Stunde, den ganzen Tag, bei allen Trainings, bei der Spielerversammlung, beim Spiel – aber das ist unmöglich.
Spielermaterial: Wie weit kommt jeder automatisch mit einer guten Mannschaft?
HAPPEL: ... wenn das Material vorhanden ist, ist er ein guter Trainer, dann hält das länger an. Ist er ein schlechter Trainer, kann er noch so eine gute Mannschaft haben, und dann ist er vielleicht in eineinhalb oder zwei Jahren passé.
Wie hat man gesagt: Udo Lattek konnte die Bayern auch am Telefon trainieren, so gut war die Mannschaft? Ich glaub, Max Merkel hat das gesagt?
HAPPEL: Dem Merkel seine Kommentare, die sind für mich uninteressant.

Originalton Ernst Happel bei der Verleihung des Silbernen Ehrenzeichens für seine Verdienste um die Republik Österreich, Wiener Stadion, Dezember 1990:
„Wenn ich jemand vergessen hab, natürlich die Sympathisanten da von der Nationalmannschaft, dann die Anwesenden von der Nationalmannschaft und ... natürlich auch die Freunde, alle, die da anwesend sind. Wir sind jetzt in einer Zeit, die müssen wir halt überschlagen. Aber ich sage immer: Was gibt's im Fußball? Im Fußball gibt's nur die Gegenwart und die Zukunft..., vergessen wir die Vergangenheit, weil von der Vergangenheit können wir nicht leben, sondern schauen wir in die Gegenwart und in die Zukunft, und ich wünsche der österreichischen Nationalmannschaft für das kommende Jahr alles Gute. Ich hab es selber am eigenen Leib verspürt, 1:9 gegen Real Madrid, das passiert. Daher: man soll nicht alles so tragisch nehmen. Im Leben ist es sowieso: Das Schlechte vergißt man, und das Gute behält man. Diese Medaille da, ich hab schon verschiedene, ist natürlich eine ganz große Auszeichnung, die wird garantiert in meiner Sportvitrine in meinem Heim einen Ehrenplatz einnehmen. Was die Journalistik betrifft: Ich glaube, ich geb jetzt da zu, wir sind vorweihnachtlich hier, das Weihnachtsfest soll natürlich ein friedliches sein und ein freundliches. Lassen wir inzwischen die Medien auf der Seite, die werden wir schon ein andersmal wieder packen, und ich wün-

sche allen Anwesenden ein gesegnetes Weihnachtsfest und einen guten Rutsch ins neue Jahr. Ich bedanke mich."
Ernst Happel, wie er leibt und lebt, wie ihn aber nicht viele kennen: mit einem Riesenschmäh. Tags darauf ist er beim Treffen der Sportprominenz im Funkhaus, sitzt, dezente Pianomusik im Hintergrund, live bei mir im Studio.
Der Meistertrainer fast als Kabarettist, also gar nicht der Menschenfeind, den man ihm immer wieder andichtet ...
HAPPEL: „Na ja, ich bin, sagen wir, gern in Gesellschaft, die letzten Zeiten weniger. Ja, früher war ich immer in Gesellschaft, manchmal auch in feuchtfröhlicher, was dazu gehört, daß ein bißchen eine Stimmung ist, weil da wird die Zunge ein bißchen loser. Es sitzen ja manchmal Menschen dabei, die machen erst den Mund auf, bis sie etwas getrunken haben."
Die alte Ravag hat sich total verändert.
HAPPEL: „„Ich war das letzte Mal hier vor dreißig Jahren, da war noch ein gewisser Edi Finger und ein gewisser Heribert Meisel."
Erfolgreichster Trainer der Welt, 18 Titel, ein paar aber, glaube ich, werden noch dazukommen?
HAPPEL: Ja, ich denke schon!"
65. Geburtstag, Herbstmeister mit Swarovski, große Ehrung im Stadion: Was freut dich am meisten?
HAPPEL: Na, die Auszeichnung natürlich, in der ersten Linie. Herbstmeistertitel zählt nicht bei mir."
Nein?
HAPPEL: „Man muß am Ende von der Saison vorne sein. Mitten in der Saison ist uninteressant. In Deutschland sagt man immer, der Herbstmeister wird auch Meister, das ist wohl eingetroffen verschiedene Male. Ich hoffe, in Österreich auch."
Apropos Deutschland, man hört immer wieder von Angeboten aus der Bundesliga. Steht wirklich ein Comeback bevor?
HAPPEL: „Ich glaube schon, daß ich, wenn ich gesund bleibe, noch einmal auf einen Sprung in die deutsche Bundesliga gehen werde."
Tatsächlich?
HAPPEL: „Sicher."
Also nicht am Ende der großen Karriere nach Österreich, sondern noch einmal der große Sprung, vielleicht zurück nach Hamburg?
HAPPEL: „Ist möglich."
Oder Bayern München?
HAPPEL: „Ich glaube, Hamburg am ehesten."
Wirklich? Da werden die Tiroler aber Angst bekommen, wenn sie diese Worte hören. Wann, glaubst du, könntest du Swarovski verlassen in diesem Fall?

HAPPEL: „Jetzt werden wir einmal schauen, wie es weiter läuft, die ein-einhalb Jahre noch, dann werden wir schauen, was der Swarovski tut, also der Herr Langes."
Dann werden wir schauen, was der HSV tut?
HAPPEL: „Der muß natürlich im Moment warten, weil ein Kontrakt ist bei mir ein Kontrakt. Ob das jetzt schriftlich ist, mündlich oder ein Handschlag, ist uninteressant. Ich hatte verschiedene Angebote mitten in der Saison immer bei den Vereinen, speziell beim HSV. Napoli war schon fix, Barcelona hat wollen. Wenn das Präsidium nein sagt, ist für mich die Sache erledigt. Ist der Verein in Ordnung, dann werde ich meinen Kontrakt einhalten."
Aber nicht zu Weihnachten?
HAPPEL: „Zu Weihnachten bin ich zu Hause bei der Familie, bei den Enkelkindern, das ist eine Selbstverständlichkeit."
Dann geht es in den Süden?
HAPPEL: „Auf die Bahamas werde ich fliegen, so zwölf Tage, und die Zeit überbrücken halt.
Dort gibts auch ein Casino...
HAPPEL: „Gibt's auch ein Casino, ja."
Ich hilf ihm tags darauf mit dem US-Visum. In Deutschland ist natürlich der Teufel los. Supertrainer Happel vorm Comeback? Die deutschen Medien rotieren, als Happel zum Hallenturnier nach Stuttgart kommt.
„Stuttgart war unmittelbar nach der Sendung da, da war natürlich die Hölle los vom platten Land oben bis nach Bayern. Das ist logisch. Aber das kommt für mich nicht in Anmerkung, das hab ich auch in Stuttgart erzählt."
Und den Deutschen lange Fernseh-Interviews gegeben?
„Das dauerte eine halbe Stunde. Aber sie wissen, daß da nix zu machen ist innerhalb von eineinhalb Jahren. Das können sie sich aus dem Kopf schlagen. Und was in eineinhalb Jahren ist? Vielleicht schau ich mir die Kartoffeln von unten an. Ich weiß ja nicht..."
Das nächste Mal seh ich Happel im Schnee: Beim Hahnenkammrennen 1991, Rudi Nierlichs letztem Slalomsieg in Kitzbühel.
Happel ist zum ersten Mal bei einem Skirennen. *„Ich war jetzt in Innsbruck das erste Mal beim Skispringen. Weil ich ja doch ein Wiener bin, hab ich da keine Verhältnisse zu dem Sport, normal."*
Ist die alte Rapid-Mannschaft früher nicht Ski gefahren?
„Da war ein Verbot. Erstens waren wir im Winter immer fünf Wochen in Südamerika, hatten praktisch nie Urlaub."
Welcher Skifahrer imponiert dir am meisten?
„Früher der Toni Sailer."
Happel schaut super aus: gerade von den Bahamas zurückgekommen, braungebrannt, gut erholt?

"*Sicherlich. Es war sehr schön dort. Nur ist es halt ärgerlich mit dem Casino gewesen. Nicht wegen dem Verlust, aber die sind ja wie die Geier da drüben. Die verlangen beim Baccara fünfzehn Prozent. Also, man spielt wohl gegen das Casino, das Casino muß wohl auszahlen, aber ich glaub, daß es bei uns reeller ist. Da spielt man, die Spieler untereinander am Tisch, und das Casino verlangt in Österreich fünf Prozent, das finde ich reell. Aber fünfzehn Prozent ist ja ein Wahnsinn!"*
Trotzdem gewonnen?
"Na ja, ich bin pari ausgestiegen. Da hat man ja eh schon gewonnen."
Ernst Happel auf den Bahamas also Tip X?
"Tip X, ja."
Es ist jedoch, wie Happel erst später weiß, ein entsetzlicher Tip 2. Lassen wir ihn selber erzählen, was alles passiert:
"Mein Problem: Daß ich plötzlich für vier Wochen den Geschmack verlier. Das Schlimmste für einen Menschen muß sein, wenn er plötzlich blind wird. Das Zweitschlimmste: wenn du nichts mehr schmeckst. Ich hab kaum gegessen, bin auf 51 Kilo abgemagert, der Körper war schon unterernährt – und dann kommt ein Lebervirus dazu: eingefangen auf den Bahamas oder auf Madeira."
Man hört von Lungenentzündung, abgebrochenem Italienurlaub, plötzlichen Fieberanfällen?
"Ich hab Grippen übertaucht, bin mit kaltem Schweiß zum Training, war zwei Wochen im Krankenhaus und dann in Jesolo auf Urlaub, schwach in den Beinen. Bin also am Strand spazierengangen – und hatte plötzlich 39,8 Grad Fieber. Tags darauf das gleiche: tagsüber fieberfrei, am Abend wieder 39,8. Zurück nach Innsbruck ins Krankenhaus. Beim Röntgen hat man dann festgestellt: Ich hatte eine leichte Lungenentzündung übertaucht. Dann bekam ich Infusionen. Therapien, weil die Ärzte auf Nummer sicher gehen. Seither haben wir vier Blutproben genommen, und alle sind in Ordnung."
Das weiß die Öffentlichkeit, die sich um Happel erstmals im Sommer 1991 ehrliche Sorgen macht, alles nicht. Als Karl Stotz hört, daß es Happel schlecht geht, fährt er von Seefeld nach Partsch, findet seinen Ex-Kameraden vorm Kachelofen, trotz Sommers in Decken gehüllt – und nimmt im Geist schon ein bißl Abschied.
Im August plötzlich ein Anruf aus Innsbruck, bei mir zu Hause. *"Was ist, Zauberer, hast am Samstag Zeit? Fliegst nach Innsbruck, wir holen dich ab, Mittagessen, und dann Match gegen Rapid."*
Wir sitzen vier Stunden im Stieglbräu im Garten, und er erinnert mich an einen Firmling, soviel Appetit hat er.
HAPPEL: *"Das kann man nicht mehr essen nennen, ich friß wie ein Firmling. Zum Frühstück: Früher ein Brötchen und Kaffee. Jetzt, seit ich wieder*

Geschmack habe: Drei Brötchen mit Schinken, zwei Brote mit Schmelzkäse, Eier im Glas, drei Tassen Kaffee. Binnen drei Wochen hab ich 12 Kilo zugenommen – das beste Zeichen."
Die alte Energie ist also wieder da?
HAPPEL: *„Zu 90 Prozent ja, muß ich sagen. Speziell in den Beinen war ich schwach. Aber man hat wieder Lust, wenn's bergauf geht.*
Du hast soviele große Fußballschlachten gewonnen – jetzt auch das wichtigste Match um deine Gesundheit?
HAPPEL: *„Ich hoff. Aber ich hab auch Widerstand gegeben. Mich sehr gewehrt. Organisch bin ich ja völlig in Ordnung. Herz, Leber, die Galle ist schon draußen – ich hatte eigentlich nur mit dem Magen zu tun: Vor sechs Jahren zum erstenmal operiert. Da wußte ich: In zwölf Tagen bin ich wieder draußen. Aber diesmal wußte ich im ersten Moment gar nicht, was los ist.*
Dein großes Sportlerherz hilft . . .
HAPPEL: *„Richtig. Weil wenn der Doktor nicht weiß, daß ich Fußballer war, erschrickt er, wenn er mein Herz sieht.*
Die weitere Behandlung?
HAPPEL: *„Ich muß pro Tag 10 bis 15 Marillen essen, weil Kalium gefehlt hat, und täglich drei Bananen. Mit meinen letzten Blutbildern sind alle hochzufrieden. Hoffen wir, daß es so bleibt!"*
Du hast einmal gesagt: 100 Jahre will ich alt werden?
HAPPEL: *„Ja, solang ich gesund bin, will ich weiterleben. Logisch, bei jedem Menschen in einem gewissen Alter – wenn man gesund ist. Wenn nicht, ist es eigentlich wertlos. Ich glaub aber, ich bin ziemlich überm Berg, Gott sei Dank."*
Vom Match hab ich nicht viel in Erinnerung: Eine tolle Szene von Gorosito, Prachtparade von Konsel, nachher Michi Streiter mit seinen Zwillingen vor der Kabine – und drinnen Happel allein auf der Bank, traurig: Walter Zeman war gestorben.
Auch wenn ihr Kontakt zuletzt eher lose war: *„Wir haben uns nur noch einmal pro Jahr getroffen, bei der Weihnachtsfeier. Er wohnte nur 400 Meter ···m Rapid-Platz – aber ihn hat der Fußball nicht mehr interessiert."*
Zwei Tage später müssen wir uns vom „Tiger" verabschieden. Happel kommt zum Begräbnis nach Wien, nimmt mich auf den Schafberg zum Essen mit und zeigt mir die Plätze seiner Kindheit. Erschüttert spricht er mir einen Nachruf ins Mikrofon:
„Großer Tormann, großer Sportler, großer Freund. Schade, daß er gegangen ist. Man kann nur sagen: ‚Servus Walter, und machs gut da oben!' Wo er halt hinkommt, nicht. Ich hoffe, daß er in den Himmel kommt."
In solchen Momenten ist alles relativ. Erfolg, Mißerfolg, Geld. Happel ist reich, er ist berühmt . . .

HAPPEL: *„Was ist berühmt? Was ist Prominenz?"*
... und er hat einen mörderischen Job. Kollegen wie Gyula Lorant sind mit Herzschlag von der Betreuerbank gefallen. Warum tust du dir das an?
HAPPEL: *„Erstens liebe ich Fußball von Kindheit an. Solange ich lebe, bleib ich diesem Sport verbunden. Ein Tag ohne Fußball – für mich ein verlorener Tag. Sicher, meines Ermessens hätte ich es nimmer notwendig, natürlich kommen auch junge Trainer nach, aber prozentuell doch sehr wenig... Ich glaub, ich könnte noch zehn Jahre lang als Fußballtrainer arbeiten, wenn ich wollte."*
Mit dem gleichen Einsatz und Ehrgeiz wie bei den bisherigen 18 Titeln, dem Trainer-Weltrekord?
HAPPEL: *„Na, ich denke schon, obwohl man sich doch abschleift. Die Energie, die ich noch vor 25 Jahren hatte, hab ich heute natürlich nicht mehr. Aber daß ich einmal ein Training auslaß – unmöglich. Ich hab einen Co-Trainer, der die ersten 10 bis 15 Minuten arbeitet. Dann übernimm ich das Kommando, mach alles mit."*
Wie es jetzt wieder aussieht, ist das letzte Kapitel der Trainer-Erfolgs-Story aber noch lang nicht geschrieben...
HAPPEL: *„Hängt alles davon ab, was am Ende der Saison sein wird – vor allem mit meiner Gesundheit. Momentan bin ich hochzufrieden, die Ärzte sind mit mir hochzufrieden, auch als Patient. Meine Gesundung: Eigentlich kollosal. Natürlich werde ich auf der Bank nicht sterben – andererseits komm ich vom Fußball nur schwer los. Also: Bin ich gesundheitlich nicht auf der Höhe, stopp ich sowieso, bin ich gesund, hab ich zwei Möglichkeiten. Entweder ich mach weiter in Österreich, da kommt sowieso nur der FC Swarovski in Tirol in Frage – oder ich geh wieder ins Ausland."*
Wohin?
HAPPEL: *„Auf Abruf! Man weiß ja, wie es beim Fußball ist: Trainer werden immer entlassen, weil das sind immer die Schuldigen. Das passiert oft sehr schnell, nach fünf, sechs Runden. Sieht man Jahr für Jahr. Wenn der Trainer keinen Erfolg hat, ist es vorbei. Wenn für mich in Deutschland Interesse da ist, schau ich mir den Verein an. Ist er für mich zu akzeptieren, nimm ich ihn. Ist er nicht, bleib ich weiter auf Abruf."*
Die deutsche Bundesliga reizt dich also doch wieder?
HAPPEL: *„Noja, unter anderem. Ich will da nicht zuviel reden: Abwarten und Tee trinken. Für mich mit 66 Jahren ist es schon ein Vorteil, wenn ich in die deutsche Bundesliga geh – schon allein wegen der Sprache. Italienisch muß ich mit 66 nimmer lernen."*
Wer hat schon angeklopft? Vor einem Jahr hörte man vom Hamburger SV. Im Frühjahr von Dortmund. Und jetzt?
HAPPEL: *„Erstens hab ich in Tirol einen Vertrag bis Ende Saison, das re-*

spektier ich immer. Zweitens war mein gesundheitlicher Zustand nicht so in Ordnung, daß ich einen ausländischen Spitzenverein übernehmen hätte können. Also abwarten. Aber möglich ist alles. Wenn ich weiterarbeiten will, mach ich mir überhaupt kein Kopfzerbrechen. Auch ich kann mir die Vereine dann aussuchen – auch in der Bundesliga!"
Welchen Wunsch hättest du noch als Trainer?
HAPPEL: "Was soll ich mit 66 noch für Wünsche haben? Für mich gibst nur eines: Daß ich gesund bleib – dann werden wir weitersehen."
Deine persönliche Bilanz?
HAPPEL: "Fußball war immer mein Leben, mein Hobby, ich hab damit Geld verdienen können – also muß ich ein glücklicher Mensch sein. Wenn ich einen Spieler mit Phantasie, mit Improvisation sehe, lacht mein Herz."

"PATRIOT, ABER KEIN IDIOT"

Als ich 1990 die ÖFB-Spitzenfunktionäre frage: "Könnt ihr nicht den Happel zum Teamchef überreden?" seufzt Generalsekretär Gigi Ludwig: "Die Ärzte sagen, das geht sich nimmer aus." Im Sommer 1991 fürchten sie sogar: "Herr Happel wird Weihnachten nicht mehr erleben." Jene Phase, in der die FC-Tirol-Kicker beim Training verstohlen über die Schulter schauen, "ob der Chef noch steht". Und da Happel, ganz leise, einmal sogar einem Austria-Freund anvertraut. *"Er steht schon hinter mir."*
29. November 1991, sein 66. Geburtstag. Ich gratulier live auf Sendung und frag Happel nach seinen Wünschen: *"Gesundheit"*, sagt er schlicht. *"Und daß kein Krieg kommt da unten, schaut ja beängstigend aus in Jugoslawien. Ich mach mir Sorgen um meine Enkelkinder."*
Die Weltkugel ist für ihn nie – wie für manch anderen Trainer – auf die Größe eines Fußballs geschrumpft. Obwohl für ihn alles andere, jenseits der Outlinie, eine Zeitlang "die Außenwelt" darstellt. Er lebt immer mit, durch und für den Fußball. Schon als Bub – und genauso jetzt, als der "große, weise, alte Mann des Fußballs" (Hans Krankl).
"Die österreichischen Fußballfans", sag ich, "hätten auch einen großen Wunsch an Sie. Könnten S' nicht bitte das Nationalteam übernehmen?"
Happel lehnt ab: *"Ich bin Patriot, aber kein Idiot."* Sein klassischer Satz, den er später augenzwinkernd in Frage stellt: *"Hab ich das wirklich gesagt? Da bin ich überfragt."* Den er aber noch im Dezember, bei einem Fernsehinterview mit Gerhard Zimmer für "Licht ins Dunkel" wiederholt. Fünf Tage später ist er Teamchef.
Happel zu gewinnen: Das ist für den ÖFB schon ein jahrzehntelanges Suchen nach Atlantis. Oder: Zumindest nach dem Schatz im Toplitzsee.

„Stimmt, ich hab für die WM 1982 in Spanien mit dem ÖFB verhandelt. Das Geld, sagte mir der damalige Präsident Karl Sekanina, wäre kein Problem gewesen." Und dein Trainer? „Das wäre Robert Körner geworden!" verrät Happel ein Geheimnis.

Aber die Deutschen sind dagegen. Nicht der Hamburger SV, sondern Hermann Neuberger. Der DFB-Präsident und FIFA-Vize schaffte wegen Happel, Belgien und Holland 1978 eigens die „Lex Neuberger": Kein Klubtrainer darf mehr die Nationalmannschaft eines anderen Landes betreuen! „Die Deutschen hatten nie einen Ausländer als Teamchef", sagt mir Happel einmal bedauernd. „Sepp Herberger, Helmut Schön, Jupp Derwall, Franz Beckenbauer, jetzt Berti Vogts."

Das unerträglich fade Ballgeschiebe von Gijon, unter dem Betreuerduo Latzke/Schmidt, macht böse Schlagzeilen: Wenn Deutschland gegen Österreich 1:0 gewinnt, ist beiden geholfen – und beide steigen auf. 1:0 also durch Hrubesch, danach stirbt der Fußball bis zum Schlußpfiff.

Neuberger stirbt im Herbst 1992. Happel sagt ihm nichts Böses nach: „Ein großer Mann, der viel bewegt hat."

Die WM 1986 in Mexiko erlebt Happel im Fernsehen. „Aber viel seh ich anfangs nicht, weil ich nach der Magenoperation viel zu schwach bin – mir fallen immer die Augen zu." Er nimmt über zehn Kilo ab, flüchtet aber direkt vom Krankenhaus in die Tiroler Berge und stürzt sich, gnadenloser Selbstversuch, in ein erbarmungsloses Konditionstraining. „Ich marschier bis auf 2000 Meter in die Berge –."

1990, längst FC-Tirol-Trainer, hat er mehr Bezug: „Ich sitze zwar im WM-Komitee, ich unterstütze den Pepi Hickersberger – aber nicht auf technisch-taktischem Gebiet. Sondern nur, wenn er sich durchsetzen muß gegen die Landesverbände, gegen die Präsidenten der Landesverbände. Wenn er Wünsche hat, dann steh ich natürlich voll hinter ihm." Mit dem Doppelpaß? „Mit dem Doppelpaß, ja."

Vieles bleibt lang „top secret". Hickersberger bietet Happel an, die Mannschaft für die WM-Endrunde in Italien zu übernehmen – jetzt steht ja keine „Lex Neuberger" mehr dagegen. Aber Happel lehnt ab: „Du hast das bis jetzt sehr gut gemacht." Ein Happel wird sich nie mit fremden Federn schmücken. Aber wenn er Fußball-fachsimpelt, muß man fasziniert zuhören. Ich höre nochmals seine WM-Prognose 1990 – als Zuschauer:

„Ich hoff, das wird eine gute Weltmeisterschaft, wie die Europameisterschaft 1988 in Deutschland, auf einem bestimmten guten Niveau. Man hat genug schöne Spiele gesehen. Da ich ja ein Fußball-Liebhaber bin, fahr ich nach Italien, hab aber keine Funktion. Ich schau mir die ersten drei Spiele der Österreicher an – und hoffentlich kann ich dabei genießen."

Wer wird Weltmeister?

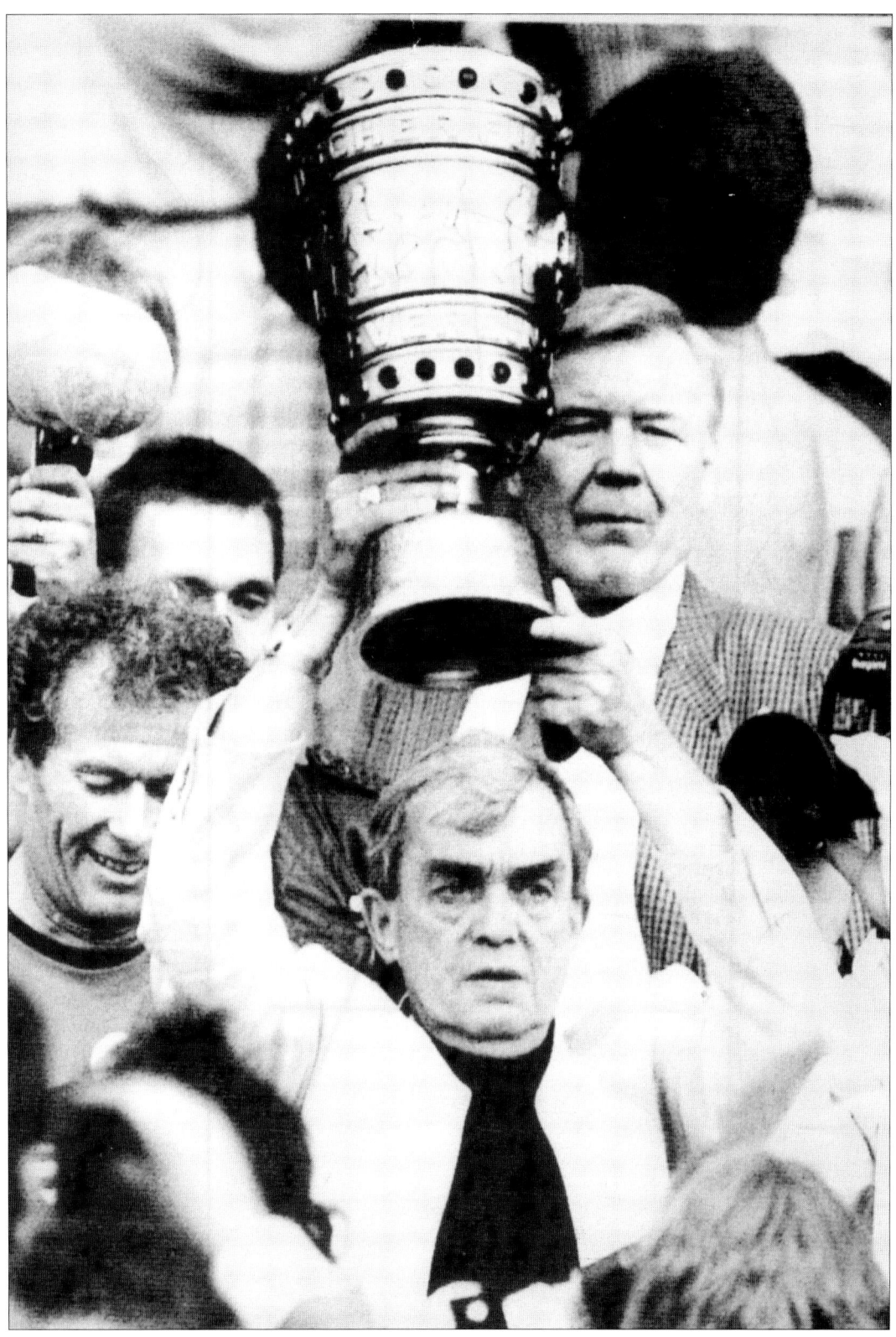

„Stolz? Berühmt? Reich? Was ist reich, was ist berühmt... Ich hab mehr Endspiele verloren als gewonnen." Dieses mit 3:1 gewonnen: Deutsches Cupfinale HSV – Stuttgarter Kickers am 20. 6. 1987 im Berliner Olympiastadion. Sein letzter Sieg mit den Hamburgern. Danach wechselte Happel nicht zu Barcelona, Napoli oder in den Irak, sondern nach Innsbruck.

Mit Co-Trainer Aleksander Ristic Qualen auf der Betreuerbank: HSV unterliegt Fortuna Düsseldorf überraschend 2:3. Unten: Happel mit „Kaiser" Franz Beckenbauer: „Ich bin glücklich, daß ich mit 37 noch ein Jahr lang unter Happel spielen durfte – leider zu kurz und zu spät. Für mich der beste Trainer der Welt!"

Wiener Charme, preussische Disziplin. Aus dem „schlampigen Genie" ist längst ein Pünktlichkeitsfanatiker geworden. Als der Vizepräsident und drei Spieler zu spät kommen, läßt Happel den Bus ins Stadion ohne sie abfahren. Unten: Im Gleichschritt mit den neuen HSV-Ausländern Mark McGee und Eric Soler.

Nach dem jahrelangen Duell Bayern München – Borussia Mönchengladbach feiert auch der HSV plötzlich Meistertitel – und wie. „Als Happel die Mannschaft von Branko Zebec übernahm, war sie taktisch und körperlich in allerbester Verfassung", sagt Günter Netzer heute. „Aber wir haben damals einen sehr langweiligen Fußball ge-

spielt. Happel ist als Künstler gekommen, hat diesen faden Fußball nicht mehr geduldet, ließ auf Risiko spielen – und bot dem Publikum etwas. Was Zebec glänzend vorbereitet hatte, vollendete Happel: Deutscher Meister 1982 und 1983, über 40 Jahre nach Bimbo Binder beim 4:3 Rapids gegen Schalke 04.

Tor für HSV im Weltcupfinale gegen Gremio-Porto Alegre, den Südamerikachampion, in Tokio: Michael Schröder (Zweiter von rechts) gleicht in der 85. Minute auf 1:1 aus – aber in der Verlängerung schießt Renato für die Brasilianer das Siegestor. Unten: Happel auf Weihnachtsurlaub in Wien – beim „Schneekickerl" im Hanappi-Stadion.

„Ich mach ka Gewalt": Als Barcelona Happel „um jeden Preis" kaufen will, wird HSV-Manager Günter Netzer (oben) blaß und Präsident Klein weint. Aber Happel ist treu, bricht keine Verträge und bleibt an der Waterkant. Seinen Sturmtank Horst Hrubesch holte er später als Co-Trainer zu sich nach Tirol.

„Mein Leitsatz: Sprech ich zuwenig, hab ich zu viel gesagt. Sprich ich zuviel, krieg ich das Zehnfache zurück. Das hab ich nicht notwendig – ich bin nicht auf Sensationen aufgebaut." In der Pressestadt Hamburg gibt sich Happel betont wortkarg – ob nach Siegen, Titeln oder den seltenen Niederlagen.

"Schwer zu sagen. Wir müssen wirklich mit Italien rechnen, als Heim-Mannschaft, dann eventuell mit Brasilien, aber Argentinien ist wahrscheinlich stärker. Uruguay wird unangenehm, die werden einen gewissen Abbrechfußball spielen und eine gewisse Härte, südamerikanische Härte, so wie ihn die Argentinier einbringen. Dann müssen wir mit den Holländern rechnen, und was eine ausgesprochen gute Turniermannschaft ist: Deutschland mit Teamchef Beckenbauer, ein ehemaliger Schüler von mir, mit Spielern von mir. Dann eventuell die Russen. Das wird natürlich auch eine klimatische Frage da unten, mehr im Süden, auf Sizilien, für die Engländer und für die Holländer auch. Aber ich seh im Moment keine Mannschaft, die, so wie die Brasilianer früher, als sie Weltmeister geworden sind, von Beginn bis Ende gut durchspielen können. Was natürlich auch wichtig ist bei einer Weltmeisterschaft – die einen Monat dauert."
Eröffnungsspiel Italien – Österreich. Happel umarmt Günter Netzer auf der Tribüne, worauf Merkel beleidigt ist, weil ihn Happel übersieht. „Grad, daß er sagt: Servas Langer."
Happel hat einen schlechten Sitzplatz, „etwa beim Cornerfahnl", sieht Österreich 0:1 verlieren, kämpft dann draußen vom Olympiastadion ewig lang um ein Taxi. *"Und als endlich eines stoppt und ich einsteigen kann, wer sitzt schon drin? Ausgerechnet der Merkel. Am liebsten wär ich gleich wieder ausgestiegen..."*
Später verrät mir Beppo Mauhart: „Ich wollte unbedingt einen spektakulären Teamchef. Hätte ich Happel nicht bekommen, hätte ich um Johan Cruijff gekämpft!"
Der FC Tirol ist kein Problem. *"Ich seh Herrn Lange nur drei-, viermal pro Jahr. Aber ich weiß, daß Swarovski beim FC Tirol aussteigt – eine Familienentscheidung wegen der US-Verluste."* Der Vertrag, der bis Sommer 1992 läuft, wird gelöst.
Das Sensationsmanagement ist streng geheim: *"Top secret"*, wie Happel so gern sagt: Es muß eine Bombenüberraschung sein. Aber er zündet – wie so oft – seine speziellen Blinklichter, auf seine ganz besondere Art.
"Wir sehen uns nächste Woche", sagt er mir am Telefon aus Innsbruck. *"Ich komm vor Weihnachten eh nach Wien."* Zum Übersiedeln: *"No ja..."*
Und dann zieht Präsident Mauhart in einem Blitzlichtgewitter im Wiener Tabakmuseum seinen neuen Teamchef aus dem Hut: Ernst Happel, den Zauberer. Als Christkindl für unseren ganzen Fußball.
Didi Constantini, der Assistent, ist der letzte, der erfährt, wer neuer Teamchef wird: „Ich fahr irrtümlich in die Generaldirektion der Tabakwerke, steck im Verkehr und komm zwanzig Minuten zu spät."
"Ich bin gar kein solcher Grantler, wie ihr immer alle glaubts", begrüßt Happel seinen Co. *"Treffen wir uns nachher im Praterstadion zum Diskutieren. Über*

unsere Fußballer" – wobei Happel totale Übereinstimmung registriert. Aber dann stürmt die Wachmannschaft das Stadion: Happel hat irrtümlich die Sicherheitssperren zum ÖFB ausgeschaltet.

„Er hat die Philosophie über Fußball", sagt Constantini, „und ich hab die Kraft."

Didi Constantini (37) wird wegen seiner Frisur „Winnetou" getauft. „Als Senekowitsch Trainer in Innsbruck war, wollte er mich immer zum Friseur schicken." Sein Vater war Platzwart am Tivoli, also ist Didi selber weniger seßhaft: Innsbruck, Kavalla, Jeddah, FavAC, Sportclub, Rapid...

Didi ist von Happel ab sofort fasziniert: *„Der hat dreimal soviel erlebt wie wir alle."* Erschrickt nicht über Happels schwankenden Gesundheitszustand: *„Für mich ist der Papa immer der gleiche."* Und genießt vor allem die EM in Schweden mit ihm.

Im Jänner muß er wieder auf Therapie. Solang es ihm gutgeht, freuen Happel unangesagte Besuche in der Innsbrucker Universitätsklinik ehrlich und am meisten. Er hat auch das freundlichste und hellste Zimmer, mit zwei Fensterfronten: Er sieht auf die Nordkette und die Stadt.

Am Krankenbett von Happel: Ich besuch ihn im Jänner, zwischen zwei Skirennen. Er findet Ski spannend, hat den Kopf aber längst beim Fußball. Alles fiebert dem ersten Happel-Kader entgegen. *„Ich hab mir zuerst die Aufstellungen vom Hickersberger geben lassen."* Dann wirft er hin: *„Gager von Rapid gefällt mir."* Trotz seines verunglückten Rückpasses gegen Jugoslawien? *„Das macht nix."*

Dann: fast ein Eigentor. Als Happel das erstemal als Teamchef von Innsbruck nach Wien fährt, hat er Autozug gebucht. *„Aber weil die Sonne scheint, fahr ich lieber durch."* Ein paar hundert Meter nach der Autobahnauffahrt überrascht ihn plötzliches Glatteis. *„Mich dreht's mit 150 sofort um. Links liegt schon einer auf dem Dach. Als ich endlich verkehrt stoppe, schlottern mir die Knie."* Dieser Schreck beschäftigt Happel noch lang. *„Seither nimm ich nur noch den Autoreisezug – oder den Flieger."*

Und immer zum Fußball. Auf der Hohen Warte trifft er den Ex-APA-Journalisten Adole und den Ex-Schiedsrichter Paul Schiller, jetzt Besetzungsreferent. *„Ihr zwei alten Teppen, sag ich, wollts net endlich Ruhe geben? Die zwei schauen sich an: Und du? fragen sie mich."* Lachend geht Happel weiter.

Vor der ersten Trainerbesprechung macht sich ein Coach wichtig: „Was will der Happel? War 26 Jahre im Ausland, was will der uns sagen?" Bei der Tagung fehlt er. Happel zu Prof. Elsner: *„Ist er überhaupt entschuldigt?"*

Er ärgert sich über taktische Fehler: *„Rapid spielt auf der Mittellinie auf Abseits. Braucht nur der Gegner durchmarschieren, und schon kriegt ein Tor."* Und dann erst das Decken: *„Zu nahe am Mann ist falsch!"*

Genial ist seine WM-Terminplanung: *„Weil wir lange Vorbereitung brau-*

chen. Später Beginn, zuerst gegen die Franzosen auswärts. Das Entscheidungsspiel ganz spät zu Hause. Und gegen die Schweden am besten genau zu den UEFA-Cup-Finalterminen: Weil sie bei ausländischen Spitzenklubs soviele Legionäre haben – die dann fehlen!"
Er zieht sich oft Videokassetten rein. Eine interessante kommt aus Holland: Spiel auf jeweils zwei parallele Tore. Auf Pfiff wird blitzschnell gewechselt – vom rechten aufs linke Feld und umgekehrt. *„Mein Nachfolger als holländischer Teamchef hatte einen Herzinfarkt. Jetzt macht er Jugendarbeit."*
Ein Ruck geht durch Österreichs Fußball. Unter Ernst Happel – der neue Drill.
Peter Artner liegt nach drei, vier Trainingseinheiten auf der Massagebank – und schläft todmüde ein. Plötzlich draußen ein scharfer Pfiff. Artner schreckt hoch, springt sofort auf, fragt verwirrt: „Was ist los? Schon wieder nächstes Training?"
Happel sagt statt „attackieren" immer *„aktakieren"*. Sowas bleibt Fußballern nie verborgen. Als Happel beim Training von Angriffsvarianten dazwischenfährt: „Schöttel, du bist ja langsamer als deine Schwiegermutter!", sagt der Rapidler halblaut: „Trainer, aktakieren Sie nicht meine Schwiegermutter!" Herzog lacht sich halbtot und wird prompt ermahnt – weil Happel ja nicht alles hören kann.
Unsere Teamspieler sind Happel heute noch dankbar, „daß er den Druck von uns weggenommen hat". Zum Teil mit Interviewverbot am Spieltag. In Linz lotst Manfred Payrhuber Stöger und Herzog ums Eck, packt sein Mikro aus – aber da schießt wie der Teufel Happel ums Eck. Er sieht und gneißt alles. *„Nix da!"*
In Salzburg riskiert ein TV-Reporter Interviews nach dem letzten Training. Na, mehr hätte er nicht gebraucht.
„Was ist da, du Zauberer? Hat man dir nicht gesagt: Interview mit Spielern is nix am Matchtag!"
„Entschuldigen Sie, Herr Happel, aber die Spieler sind herumgestanden..."
„Fußballer stehen immer herum", belehrt ihn Happel.
„... und da hab ich mir halt gedacht, Herr Happel, ich probier's."
„Probieren tan die Hund auf der Straßen!" sagt Happel. *„Nix da!"*
Er bricht mit der Tradition der Matchanalysen am Tag danach. Mit dem beliebten „Was-nun"-Spiel und den ewigen Diskussionen um jene, die gar nicht gespielt haben, zum Beispiel Rodax. *„Was soll die Frage? Da geh ich gar net drauf ein."*
Er bittet mich einmal ums Radiotonband, *„ob ich wirklich gesagt hab: Wohlfahrt ist die Nummer 1."* Ansonsten: *„Laßt mich in Ruh mit die Torleut."* Bei Rapid war's kein Problem: Zeman, der Tormannstar, Musil, der ewige Reservist, zehn Jahre älter. *„Bitter ist nur, wennst zwei Junge hast."*

Als ein Reporter den Admiraner Wolfgang Knaller nach dem dritten gehaltenen Rapid-Elfer ins Team fordert, heckt Happel mit Generalsekretär Gigi Ludwig einen Streich aus – für die nächste Pressekonferenz.
„Haben wir den offiziellen Brief an die FIFA schon weggeschickt?" fragt Happel todernst, und Gigi antwortet aufs Stichwort: „Ja, und die eilige Antwort muß auch schon unterwegs sein." Alle sind alarmiert: „Was für ein Brief, Herr Happel? *„Ach so, der Brief. Nur wegen des Tormannproblems. Wir haben bei der FIFA angesucht, ob wir mit drei Tormännern nebeneinander spielen dürfen..."*
Auf Abruf will er keine Spieler: zu kompliziert. *„In Preßburg seh ich den Ernst Ogris und frag: Was macht der da? Wir hatten vergessen, ihn zu streichen. Sag ich: Wenn er schon da is..."*

HAPPEL PRIVAT: BOB UND RAFTING

Öffentliche Berühmtheit Happel – vor dem WM-Start? *„Angst steht sowieso nicht in meinem Lexikon. Aber ich hab den Waffenschein und eine Pistole."*
Eigentlich ist er ein Urwiener: Hausmannskost, Kaffeehaus, Kartenspielen, Urlaub am Wörther See – und in seiner Rapid-Zeit sogar der Wellensittich. *„Der sitzt mir immer beim Rasieren auf der Schulter und fliegt nie weg – auch wenn hundertmal das Fenster offen ist. Plötzlich unten auf der Hütteldorfer Straße eine Tramway-Notbremsung, Knirschen und Grammeln. Da erschrickt er, fliegt weg und kommt nie mehr zurück. Ich fürcht, die Spatzen haben ihn zerzaust."* Opfer des Happelschen Fernwehs.
Zum Fernsehen hat er eine innige Beziehung: *„Ich schau meist bis mir die Augen zufallen."* Zum Telefon nicht. Empfindet er als Störung, zuckt zu Hause jedesmal zusammen wenn's klingelt. Happel, kein Mann fürs Handy-Funktelefon. Nur im ÖFB-Büro telefoniert er gern.
Er ist ein Morgenmuffel, manchmal ein Grantler. Aber vielleicht schöpft er gerade daraus oft viel Kraft – wie früher Leopold Stastny.
Happel-Blitzlichter: Lässig auf seiner Vespa, mit Masseur Pepi Ulrich am Sozius. Oder stolz an sein erstes Auto gelehnt. *„Ein Opel-Caravan. In Paris hab ich einen Simca, bis zum Riesenloch im Motor, in Holland einen 5-Liter-Mercury. Aber mit dem muß ich von Rotterdam nach Wien statt dreimal, siebenmal tanken!"* Was ihn beim Autofahren stört: Daß man manchmal stehenbleiben muß. *„Wo immer ich war, Paris, Holland, Belgien – alles zwischen 1100 und 1200 Kilometer von Wien entfernt. Da fahr ich immer durch."* Jahrelang, niemals angeschnallt, *„weil ich Angst vor Feuer hab. Daß ich nicht mehr rauskomm."*
Er hat gelegentlich Motorschäden, sonst nichts.

Wenn er aufgehalten wird, amtshandelt meist Happel, nicht der Gendarm: *„Ich mach Sie aufmerksam..."* Oder: *„Warum salutieren S'? Sind wir beim Militär?"*

Sein legendäres Autokennzeichen: EH 111. Der Mercedes 4-matic hat einen relativ großen Wendekreis – damit ist in der engen Veronikagasse-Garage schwer einzuparken. Als Happel mitten in der Nacht vom Ungarn-Match zurückkommt, hat die Polizei sein Auto abschleppen lassen...

Feig ist er nie. Auf der Bobrennbahn von Igls steigt Happel für eine sausende Talfahrt sogar zu Europameister Fritz Sperling in den Zweierbob. *„Ich fahr ohne Handschuh!"* trotzt er. Im gefürchteten Kreisel (90 km/h, 4 G) schlägt er sich die Finger blutig, hält sich aber respektabel: *„Hat mir gefallen. Aber noch einmal muß ich nimmer."*

Oder das Rafting-Abenteuer auf der Isel in seiner Tiroler Zeit. Samstag Training, Samstag der „Rafting-Grand-Prix": Da muß ihn Bruno Pezzey „zuerst überreden, daß er selber mitfährt – sonst hätten wir nie freigekriegt". Für seine Zigaretten hängt sich Happel ein eigenes, wasserdichtes Kännchen an den Arm. Plötzlich schreit Peter Pacult: „Attacke!" – und schon kentert das Boot.

Riesenschreck für alle. Happel, der vorn gesessen ist, verhängt sich im Seil, taucht aber dann gottlob auf, macht das „tote Männchen" und läßt sich, völlig richtig, ohne Panik ins ruhige Wasser treiben.

Seine erste Frage: *„San die Tschik naß?"* Daß er seine teure Porsche-Brille verloren hat, fällt ihm gar nicht auf.

Sein eigentliches Wohnzimmer ist das Jugendstil-Café „Ritter" in der Wiener Ottakringer Straße.

Dort treff ich Happel meist am Tag nach jedem Ländermatch, und oft dazwischen. *„Wennst anrufst, sag dein Codewort: Beethoven oder Schubert. Für meine deutschen Freunde gilt: Haydn oder Brahms. Sonst komm i net ans Telefon."*

Wenn Didi Constantini anruft und Happel über die Kellnerin zurückfragen läßt: „Is wichtig?", dann weiß er: Der Chef hat ein gutes Kartenblatt in der Hand, da stört er ungern. „Na, net so wichtig. Ich ruf später an."

Alois Lachinger, der Chef, hat im Winter Riesenglück. Als er das Dach vom Schnee säubern will, stürzt er ab – zum Glück nur leicht verletzt.

Meine Frau Nora verabredet mit Happel ein Tischfußball-Match. *„Im Tip-Kick"*, verrät er, *„war ich immer sehr gut."*

Am Roulette-Tisch noch besser.

Kein Casino, das Happel nicht kennt. *„In Salzburg, am Mönchsberg, wollen's mich auf einmal nicht mehr reinlassen. Als ob der Bischof in der Kirche Besuchsverbot hätte. Nachmittags war dort noch nie Krawattenpflicht – plötzlich doch. Weil wir eine Festspielstadt sind, klärt mich ganz stolz der Emp-*

fangschef auf. *Geh, sag ich, du Zauberer, seit der Karajan gestorben ist, seid's ihr ka Festspielstadt mehr!"*
Er darf natürlich hinein. Und ins Linzer Casino sogar im Trainingsanzug. Darum hat er dort die Kasernierung so gern.
Casino ist für ihn *„nicht Nervenkitzel, sondern Entspannung".* Und er demonstriert mir einmal sein System: *„Ich hab ein paar Zahlen, die ich immer spiel: 28, 29, 32, 36. Dazu setz ich cheval, manque und noir. Oft geht's daneben, das ist Pech. Aber wenn alles gutgeht, gewinn ich dreifach! Du siehst, ich hab meine Manier."*
Und die Lust am Risiko?
„Schau, wenn ich dreimal 35.000 Schilling gewinn und beim nächsten Mal 100.000 Schilling verlier, dann bin ich blöd."
Natürlich kennt er auch Monte Carlo. Als Happel mit Racing Paris in Nizza spielt, überredet ihn der naturalisierte Pole Cisowski zu einem Casino-Ausflug nach Monaco. *„Und dann glaub ich, mich trifft der Umschlag: Drei amerikanische Touristinnen, zwischen 70 und 90 Jahre alt, nehmen uns beim Baccarat glatt 70.000 Schilling ab."*
Und er hofft: *„Wenn wir zur Weltmeisterschaft nach Amerika kommen, dann geh ich bestimmt nach Las Vegas!"* Wir werden alle für ihn spielen.

28 ROSEN VOM CHEF

Hinter der grantigen bis schroffen Fassade versteckt sich ein sensibler, gutherziger Mensch. Der für jede Aufmerksamkeit, das kleinste Geschenk dankbar ist, *„weil ich als Kind nie Liebe gekriegt hab".* Ob die „Lindt"-Schokolade vom Duty free oder seine geliebten „Belga"-Zigaretten, ist egal.
Seine Enkelkinder liebt er abgöttisch, Kinder überhaupt. Fürs Metzger-Baby Severin legt er sogar, im Gegensatz zum Vater, die Zigarette weg. Meinen Innsbrucker Neffen Jochen und Johannes erzählt er im „Stieglbräu" stundenlang spannende Fußballgeschichten.
Um den Hals hat er zwei Glücksbringer: Ein Medaillon mit den Fotos seiner Enkelkinder und einen goldenen Fußball von der Freundin.
Veronika Jagersberger, die letzte Frau in Happels Leben. Fast 30 Jahre jünger, sanft, tüchtig. Kennengelernt hat sie ihren Ernst beim Heurigen Ruckenbauer in Grinzing. „Ich war dort in einer Damen-, er in einer Herrenrunde." Später, mit den HSV-Fans, singt auch sie deutsche Ständchen.
Dezember 1986: Happel muß in der (damaligen DDR) „einen Gegner röntgenisieren", und ein Reporter will der Begleiterin unbedingt in den Paß schauen. Ein Zwinkern zum Zollbeamten – und er blättert nicht.
Veronika redet gern über Eishockey, über Fußball. Aber wenn ich spaßhalber

"Frau Teamchef" sage, wird Happel immer grantig: *"Was redest du da für Texte?"*
Traurige Fernsehfilme machen ihn traurig. Und seine Lieblingsschauspieler sind beide schon gestorben: *"Der Hans Moser und der Paul Hörbiger."*
So schlecht es ihm später geht: Er beginnt keine Pressekonferenz ohne bitte und beendet keine ohne danke.
Er vergißt nie, *"schöne Grüße daham"* aufzutragen. Als Didi Constantini Vater wird, fragt Happel: *"Wie alt ist deine Frau?"* – und schickt ihr prompt 28 Rosen nach Hause.
Als der Reporter Christian Hackl einmal ein paar Minuten zu spät kommt, nimmt ihn Happel nachher fast väterlich zur Seite: "Er hat mir 30 Minuten lang zugeredet, wie wichtig Pünktlichkeit im Leben ist."
Rudi Hoffmann, pensionierter Portier des "Hotel am Stephansplatz", war jahrelang Happels Nachbar in der Paulinengasse 18–20. Und erinnert sich: "Als ich operiert wurde, hat mich der Ernst vom Spital abgeholt – mit einem Schwimmreifen, damit ich besser sitzen kann."
Oder Erich Reisinger aus Oberösterreich, der Happel nach Hamburg und überall hin nachfuhr: Ein Bluter, der schon zwei Herzinfarkte überstanden hat – Trainer in der 2. Liga. Wie Happel, lebt er mit geborgter Zeit.
Sie telefonieren offen und ehrlich miteinander: *"Mir gehts heut nicht so gut – und dir?"*
Yes-Men, die vor ihm buckeln, sind ihm zuwider.

TAKTIK IN DER SCHUBLADE

Wo wohnt der neue Teamchef? Der ÖFB offeriert Happel eine Dienstwohnung in Stadionnähe, Franzensbrückenstraße, nicht ganz die feinste Gegend. Veronika rechnet damit, "daß der Ernst auf dem Schafberg einzieht". Im Happel-Museum, schon seit 14 Jahren. Überall Bilder, Trophäen, Wimpeln – Dokumentation aus seinen großen Rapid-Tagen. Mit Blick auf den Sportclub-Platz.
Aber er bleibt lieber bei der Freundin. Gleichnamige Adresse: Veronikagasse 37. "Nur 60 Quadratmeter, aber der Ernst staunt, wieviel Platz ich schaff: Ausziehbare Schubladen, Schreibtischplatten – damit er arbeiten kann. Er könnte ja nicht einmal eine Glühbirne selber einschrauben." Happel wünscht sich auch ein Herrenzimmer, aber dafür ist leider kein Platz.
Im Prater schon. Im ÖFB-Büro trinkt er zwei, drei Kaffee pro Tag. Als die Bedienerin den ersten bringt, protestiert er: *"Des is nix. Ich will ka Kuhmilch, sondern Sahnemilch."* Wird extra beschafft. Künftig sagt Happel nur: *"Die Helga soll kommen."* Aber nie ohne bitte und danke.

Wie kommst du als Praktiker mit der Schreibtischarbeit zurecht?
„Ich werd natürlich ein bissel Kopfweh haben in einem bestimmten Moment, weil ich bin lieber zweimal am Tag am Feld, arbeite und bin in der frischen Luft. So sitz ich in dem Büro, rauch eine nach der anderen, muß dauernd das Fenster aufmachen, sonst krieg ich a Nikotinvergiftung. Aber das war ich gewohnt, unter jungen Menschen, das hält dich jung. Frische Luft!"
Leistungstests, Schiedsrichter-Winterlehrgang, Trainertagung.
„Also Vorarbeit genug. Vormittag im Büro, jeden Tag. Es kommt natürlich der Papierkrieg, den hab ich früher mitgemacht in meiner Doppelfunktion bei Brügge und dann bei der holländischen Nationalmannschaft. Einmal vier Wochen keine Anrufe, tote Zeit. Und auf einmal in zwei Tagen krieg ich 15 Telefone."
Teamspieler-Untersuchungen bei Leistungsdiagnostiker Hans Holdhaus. Fünf Minuten sind für Fotografen und Fernsehen reserviert – aber Happel schmeißt alle raus. *„I bin nix neugierig."* Constantini wird als Parlamentarier bemüht – und kann Happel auch nicht umstimmen. Später entschuldigt er sich: *„Tut mir leid."*
Seine „Trampelpfade" sind ihm wichtig. Pressechef Heinz Palme muß ihm bei Pressekonferenzen immer den gleichen Tisch, die gleiche Sponsorwand placieren. Den gleichen Speisesaal. Den gleichen Busfahrer. Der erste, der aus Budapest zurück nur drei Stunden braucht, hat ihm imponiert; er will keinen anderen. Und protestiert in Linz gleich gegen den neuen Chauffeur, bevor der noch einen Meter gefahren hat: *„Der kann net reversieren."*

„EIN SCHÖNES JAHR"

Happels einziges Jahr als Teamchef, die Länderspielsaison 1992, von seinem persönlichen Schicksal zu trennen ist unmöglich. Weil hier zwei Handlungen parallel ablaufen. Eine gibt Mut, eine verläuft tragisch.
Ich weiß, daß manche TV-Stationen schon seit zwei, drei Jahren fertige Happel-Nachrufe im Archiv haben: für den Notfall griffbereit. Plötzlich sind alle von der Aktualität überrollt. Archivfilme werden wieder lebendig. Als würden die Bilder rückwärts laufen. Als kämpfte sich Captain Scott – dessen Filme man erst viel später auffand – nochmals durch die Eishölle zum Südpol durch. Der heißt für den neuen ÖFB-Teamchef Happel: WM-Qualifikation.
„Das wäre ein schöner Abschluß meiner Karriere. Und das Team ist auf alle Fälle meine letzte Station. Jeder Trainer hat seine Statistik – und ich will eine positive!" Dementsprechend arbeitet Happel: Team-Trainingslager, wann immer es möglich ist, Zusammenkünfte mit den Bundesligatrainern, medizi-

nische Tests usw. *"Ein Tag ohne Fußball"* ist für ihn *"weiterhin ein verlorener Tag..."*

Krankl ist stolz: „Ich bin einer der wenigen, dessen Klubtraining Happel besucht hat!" Der Zauberer kommt sogar zum Probespiel Rapids gegen Schwechat, geht mit Krankl auf die Tartanbahn, schickt Hasil weg: „Putz dich, Zauberer, wir haben was zu reden." Und sagt dann zu Krankl: *„Was heißt Herr Happel, ich bin der Ernstl, wir san doch Kollegen – wir sind per du."*

Krankl hat's „echt gebeutelt vor Respekt. Und ich ertapp mich noch dabei, daß ich Herr Happel denk – und auch Herr Happel sag."

Typisch Happel, daß er seine Krankheit anfangs gar nicht ernst nimmt: *„Virus von den Bahamas."* Erst ab Frühjahr redet er öfter darüber. Aber wie er mit seiner Krankheit umgeht, sie zuerst negiert – bewundernswert.

Sein Leben hängt an Flaschen, alle vier bis sechs Wochen. Dann ist er im Hoch – wenn er den Termin einhält. Wenn nicht (wie vorm Ungarn-Match), geht's ihm schlecht. Nach dem Polen-Match muß er wieder in die Klinik, nach der Europameisterschaft aber dringend auf Urlaub: nach Italien. *„Ich brauch Sonne und Wasser!"*

Die Haare wachsen nach jeder Therapie vier-, fünfmal irrsinnig schnell nach. *„Ich hab wieder a Matratze."*

„Oft häng ich an vier, fünf Flaschen gleichzeitig. Sie rinnen verschieden langsam. Die Flaschen sind gegen den Virus."

„Bevor ich zum Arzt geh, frag ich immer: Rauchen S'? Wenn ja, kenn ich mich aus. Wenn er net raucht, dann auch. Lew Jaschin hat geraucht, seit er acht Jahre alt war" – und das mit Raucherbein und frühem Tod bezahlt.

„Aber di Stefano raucht und spielt noch heute."

Gyula Lorant, der frühere ungarische Teamstopper, ist dem Trainerstress erlegen – wie viele Kollegen – Herzinfarkt. Der Soldat, der in den Stiefeln starb. Rinus Michels hat gesundheitliche Probleme. Der Liverpool-Manager Graham Souness eine Bypass-Operation hinter sich. Viele Bundesliga-Trainer kennen Alkoholprobleme. Der Stress auf der Trainerbank ist mörderisch.

Happel hat niedrigen Blutdruck – wie ein Marathonläufer – aber nicht so wenig wie Paavo Nurmi (28). Gewisser Stress ist für niedrigen Blutdruck gut, zuviel ungesund. *„Du kannst net abschalten, das geht net. Du sitzt beim Essen, vorm Fernseher – und plötzlich fällt dir ein: Was macht der Gegner? Wie reagiere ich? Der erste Stress ist schon der Teamkader: Weil du ja keinen eliminieren willst, wennst ein bessere Idee hast."*

Frühsommer 1992, ein Mittagessen im „Palais Schwarzenberg". Happel ist bereits *„von der Statistik abgegangen"*, arbeitet nur für die Zukunft und WM-Qualifikation. *„Der Stress..."* klagt er mir zum erstenmal. *„Mit Fußball kannst dich nicht zeitweise beschäftigen. Entweder total oder gar net. Das*

beschäftigt dich, läßt dich net los. Du willst abschalten ... und nach fünf Minuten suchst im Kopf schon wieder einen linken Außendecker." Aber er schwört sich: *„Am Bankl sterb i net! Da stopp ich lieber vorher, wenn's die Gesundheit erfordert."*
Er leidet entsetzlich unter dem dauernden Wetterumschwung. *„Kalt-heiß, jetzt kalt-heiß, für mich ganz schlecht."* Er träumt von den Seychellen oder Griechenland, Kenya oder Bali. Kenya-Nationaltrainer Sauer, ein gebürtiger Steirer, hat ihn eingeladen – und stirbt im Frühjahr, 45jährig.
Holland, Paris, zufällig Brügge in Wien, am Ende gegen Deutschland: Happels letztes Jahr sieht wie ein strategisch geplantes Abschiednehmen aus, ist es aber nicht: Frankreich muß ein Freundschaftsspiel klarerweise absagen, Holland hat zufällig den Termin frei. Deutschland war schon vor der Happel-Ära fixiert.
In Budapest geht's los. Happel braucht viel Kraft, weil er knapp vor seiner Teamchef-Premiere zwei Freunde verliert: Austria-Chef Joschi Walter (66) stirbt im Büro an Herzschlag. Und sein bester Kartenfreund, der Pensionist Johann Brunnbauer (72), genannt „Wurmerl", rutscht während einer Kartenpartie im „Ritter" tot vom Sessel.
Veronika: „Da resigniert er kurz und sagt: Er will nimmer."
Eine Woche vorher hat Happel noch mit Walter Karten gespielt. *„Der Joschi glaubte immer, er wird hundert Jahre alt – aber so ist das Leben. Er hatte zwei Herzanfälle und sollte einen Herzschrittmacher tragen. Nach ihm: ein Riesenloch, weil er nicht ersetzbar ist. Seine Beziehungen waren unglaublich. Ich hab mit ihm in der Wittgensteinstraße wegen Edi Krieger verhandelt und ihn auch in Kitzbühel getroffen."*
Happel weint beim Begräbnis. *„Es ist kalt, ich sitz dreißig Minuten draußen vor der Kapelle auf der Bank, treff ein paar ältere Fußballer. Dann rutscht mir mein teurer Diamantring vom Finger, und ich verlier ihn im Taxi. Nächsten Tag ruft der ÖFB an: Vier Totengräber hätten den Ring gefunden. So ehrlich, unglaublich. Wie die Nadel im Heuhaufen, wie ein Totozwölfer. Ich laß sie im Taxi herkommen und schenk ihnen Karten fürs Litauen-Match. Einer ist ein Rapid-Anhänger."*
Happel verkühlt sich, liegt das ganze Wochenende mit Grippe, erfängt sich nur mühsam. Viele fürchten bereits, daß er sich nicht mehr aufrappelt. Bei seiner Teamchef-Premiere ist er schwach beisammen, aber hellwach.
„Wir werden alles im Raum spielen, bis auf den Hörmann mit Übergabe dann auf den Detari. In der Spielerbesprechung haben wir natürlich gesagt: auf internationalem Niveau, Tempo mitgehen, was notwendig ist. Aber die Kehrseite ist dann wieder, Tempo rausnehmen, Ballbesitz spielen und auf einen zielstrebigen Konter."
Gefühle des Teamchefs vor der großen Premiere?

Was soll ich Gefühle haben mit meinen 67 Jahren, nach 50 Jahren Tätigkeit im Fußball?

Wenn er spricht, raschelt kein Papier – wie bei den modernen Sprachschöpfungen. Happel bleibt immer urwüchsig unverwechselbar, wenn er *Kondizi* predigt, *Operaci* befürchtet, *Flügelverteidiger* einsetzt und „Hollywood aufs Tableau bringt" – und seine Spieler begreifen ihn.

„Das ist völlig uninteressant, das Konzept für die Journalisten. Begreifen müssen es die Spieler, nicht die Journalisten."

„Die Spieler suchen immer Entschuldigungen – aber das interessiert mich nicht."

„Lieber verlier ich 3:4 als ich spiel 0:1."

„Verschießen kann jeder ... Nur drüberschießen darf er net."

„Am besten, ihr macht es wie die Schottenkicker: Zähne raus in der Kabine, zwei Whisky reinschütten – und dann rausrennen!"

„Fußball wird international zu 80 Prozent mit dem Kopf gespielt, zu 20 Prozent mit den Beinen. Bei uns ist es leider umgekehrt."

„Wer braucht Manndeckung? Mit einem Gegner zusammenhocken wie zwei Homosexuelle oder bis in die Kabine nachrennen wie ein Esel? Wenn ich ein Spieler von einem bestimmten Format bin, brauch ich des net. Oder ist der Beckenbauer jemals jemandem nachgerannt?"

„Wenn ein Spieler nicht da ist im Autobus, kann er mit dem Taxi nachkommen. Auf einen Präsident wart ich vielleicht noch eine Viertelstunde, weil der gibt mir einen Kontrakt. Und wenn er dann nicht kommt, kann er am nächsten Tag kommen ..."

Toni Polster schießt das erste Tor der Happel-Ära. Der Aufschwung ist unverkennbar. „Gegen früher", urteilen Kritiker nach 45 Minuten in Budapest, „wie Tag und Nacht." Genau, wie Happel seinen Mannen eingeimpft hatte: *„Spielt selbstbewußt, traut euch etwas, habt vor niemandem Angst!"* Daß aus der 1:0-Führung eine 1:2-Niederlage wird, nimmt Happel nicht tragisch: *„Wir haben noch genug Vorbereitungsspiele. Das Ende der WM-Qualifikation ist wichtig, nicht der Anfang."*

Und alles fiebert der Happel-Heimpremiere entgegen: gegen Litauen.

Am Tag vorm Match ist Happel, von einer Therapie geschwächt, wie erschlagen, kann fast nicht reden, muß sich niederlegen, reißt aber seine ganze Kraft zusammen und ist im Fernsehstudio voll da.

Eine Stunde vorm Match: Happel, von seiner „Belga" eingenebelt, allein in einem Kammerl. Sitzt in der Ecke, schaut raus aufs Vorspiel. *„Welche Nummer hat der Cerny?"* Spielt nicht, sag ich ihm. *„Wieso net?"*

Draußen, im Sektor D, zum erstenmal die Transparente, die den Teamchef das ganze Jahr begleiten: „Ernst Happel, wir danken dir!" Er lächelt: *„Ja, jetzt noch."*

Ein anderer Junger debütiert verheißungsvoll: Thomas Flögel. Die Tore zum 4:0 schießen Ogris, Prosenik, Polster und Hasenhüttl. Happel nachher, offiziell: *„Wir haben aus einem Minimum an Chancen ein Maximum an Toren gemacht."* Privat fürchtet er nach dem Litauen-Match: *„Ich hab nur drei – Wohlfahrt, Artner und Flögel."* Aber es werden immer mehr.
Nächster Gegner: Wales. Happel ist klar: *„Gegen die Waliser brauchst nicht nur Kondition, du mußt auch spielen. Liverpool geht mit zwei Sturmspitzen in die Zentrale. Wennst drei Verteidiger hast, muß einer rausschneiden. Das verschiebt sich seitlich, vor oder zurück."*
Und nochmals, weil die Liverpool-Stars Rush und Saunders absagen, was Happel bedauert: *„Ich hätt gern gegen die Stärksten gespielt. Die 50.000 wollen, müssen etwas sehen! Lieber ein 3:4 als ein mageres 0:0 oder 0:1."*
Er kommt – zum erstenmal – erst zwei Minuten nach Anpfiff zur Bank. *„Mei Matratze am Kopf muß erst wieder nachwachsen. Ich will nicht so ins Fernsehen kommen, wenn ich bei der Hymne die Kappe abnimm. Und laß ich sie oben, sagt bestimmt wer: Proletenkind..."*
Es wird das bisher beste Spiel der Happel-Ära.
Baur bringt Österreich mit einem Bombenfreistoß in Führung, die Waliser retten zwei-, dreimal auf der Linie, gleichen aber kurz vor Schluß aus. Und Andi Ogris erleidet einen Jochbeinbruch.
Wir treffen uns tags darauf zum Frühstück im Café Ritter. Es ist dunkel, weil draußen die Fassade verhängt ist, aber er fühlt sich dort wohl.
Tut das Unentschieden noch weh?
„Na, das hab ich schon wieder längst vergessen. Ich bin mit der Leistung zufrieden gewesen, so wie ich gestern gesagt hab, mit dem Resultat nicht. Das muß man so alles in Kauf nehmen, aber das vergißt man wieder. Wichtig ist, daß sie zumindest über 60 Minuten eine gute Leistung vollbracht haben, und das Publikum hat ihnen applaudiert nach dem Match."
Langsam formt sich aber das Team Happel '92?
„Ja, ich hoffe. Ich bin da nicht voreilig. Ich bin da immer sehr abwartend. Hoffentlich bleiben die Jungen so, daß sie stimuliert sind und eine gute Einstellung haben."
Im Frühjahr braucht Happel einen neuen Reisepaß, *„weil ich mir Israel anschauen will, aber noch das Visum vom Irak drin hab"*. Weil auch mein Paß vollgestempelt ist, fahren wir gemeinsam zum Paßamt.
Den alten Paß läßt Happel lochen, *„weil ich sie mir alle aufheb: zu Hause in der Vitrine"*.
Draußen, in der Postgasse, schaut er in den neuen Paß: Ablaufdatum 5. Mai 2002. *„Da leb i nimmer"*, sagt er trocken, mehr Feststellung als Klage. *„Aber vielleicht bis 1997. Ehrlich, i hab geglaubt, ich krieg nur bis 1995..."*
Beim vierten Länderspiel – gegen die Polen in Salzburg – ist Happel in Best-

form. Die Salzburger Luft behagt Happel: Er hat mehr Appetit als je zuvor, ißt im Anif Point Hotel täglich zwei, drei Portionen. Der Koch, ein Schmähbruder, hat genau die richtige Art für ihn: frech und lustig. „Was, sieben Kinder hast? Wann hast da Zeit zum Kochen?"
Sein Lieblingsplatz ist aber das Bluntautal bei Hallein: Dorthin geht er mit der Mannschaft Gymnastik machen und joggen. Das Gasthaus taugt ihm sehr: Berge rechts und links, zum Essen Haussulz. „Ich mach Sie aufmerksam: Da komm ich im Sommer wieder her. Reservieren S' mir bitte ein Zimmer."
Dafür haben wir in Lehen offene Türen: 2:4-Niederlage gegen die Polen. Die Entdeckung des Tages: der freche und kaltschnäuzig agierende Kühbauer.
Happel ist trotz des 2:4 nicht enttäuscht: *„Über die 90 Minuten muß ich sagen, daß die Mannschaft gut mitgelaufen ist. Das, wo wir den Hebel ansetzen müssen, ist in der Abwehr. Speziell über die Flanken, da sind die meisten Tore gekommen, und dann auch im Zentrum. Die Experimente mit den Jungen waren – muß ich sagen – mehr positiv als negativ. Jeder junge Spieler kann natürlich im ersten Spiel nicht einschlagen. Aber im großen und ganzen, was die 90 Minuten betrifft, das Mitlaufen, das Konditionelle, da bin ich sehr zufrieden. Nur müssen wir speziell in der Abwehr für die Zukunft intensiver an der Taktik arbeiten, speziell beim Training."*
Das letzte Match vor der Sommerpause wächst ihm besonders ans Herz: gegen Holland in Sittard. *„Na ja, sicher sind viele Freunde angekommen, speziell aus Rotterdam. Und wenn man Success hat im Ausland, hat man automatisch Freunde. Das ist ja normal."*
Happels Wiedersehen mit seinen Holländern ist herzzerreißend. Alle sind sie da: Wim Jansen, jetzt technischer Direktor, Wim van Hanegem, jetzt der Trainer, viele „Spielers". Martin de Voss, sein langjähriger Freund, der eine Sportagentur hat, usw. Zwar brummt Happel: „Machts ka Theater da, weg!" Aber dann ist er total gerührt, daß die Holländer die Bar im Hotel gemietet und abgeriegelt haben. Im Hotel – Riesenauflauf.
Für die holländischen Reporter macht Happel eine Pressekonferenz – natürlich auf holländisch. *„Der pure slime Jong",* erzählt er lächelnd über van Hanegem. Man spürt, mit wieviel Liebe und Bewunderung Happel behandelt wird. Wie sehr sich alle freuen, ihn nochmals zu sehen. Mitzuerleben, wie er agiert.
Beim Abschlußtraining in Sittard platzt Happel vor Tatendrang. Er zeigt Gymnastik vor, ist hochaktiv, als wollte er allen zeigen: Schaut her, ich bin voll da.
Happel ist gerührt, als wieder der Schmäh mit seinen Holländern rennt – nicht nur mit van Hanegem. „Ich hab sie alle wieder getroffen. Nur schade: vorm Match. Nachher wäre mir lieber gewesen."
Die Holländer mit ihren Weltklassekickern Rijkaard, Bergkamp und Gullitt

(alle drei Torschützen) deklassieren uns nicht. Nur 3:2. Unsere Tore: durch Polster und Schinkels, überraschend in der letzten Minute per Kopf. „Unser Kopfballungeheuer", lobt Constantini den kleinen gebürtigen Holländer.
Happel, mit Niederlagen noch nie zufrieden, analysiert in unserer Kabine: *„Die Holländer haben einmal verdient nach dem Spielverlauf gewonnen, da brauchen wir nix sagen, aber wenn wir Glück haben oder viel Glück, können wir eventuell einen Punkt erreichen. Aber nach dem Spielverlauf: gerecht."*
Und das Positive aus diesem Spiel gegen den Europameister?
„Ich will da jetzt noch nicht vorgreifen, auf alle Fälle haben wir uns gut verkauft. Das ist für uns wichtig."
Beim Meisterschaftsfinale im Wiener Stadion darf ich noch mehr Anschauungsunterricht genießen: Sitzplatz neben dem Teamchef. *„Kennst du die Dame rechts von mir?"* Sie ist ganz violett gekleidet. *„Des is a Austrianerin"*, vermutet Happel – es spielt ja auch Austria Wien gegen Austria Salzburg. Freistoß für die Baric-Elf, langsamer Anlauf von Peter Hrstic. *„Der schießt entweder den Baum um oder trifft den Wohlfahrt am Kopf!"* Ich erinnere an seine von der Querlatte heruntergeschossenen Coladosen. *„Wenn er a Gefühl hat . . ."* lächelt Happel.
Er beeinflußt in unserem Fußball mehr, als alle glauben: Unklare Trainer-Situation bei Austria und Rapid: Happel diskutiert erregt mit Austria-Boß Dostal über Prohaska, redet mit Rapid-Funktionären über Starek.
„Herr Happel hat zu mir einen sehr wichtigen Satz gesagt", verrät Prohaska. „Was tun die mit dir erst, wennst keinen Erfolg hast?" Und später, als Herberts Vertrag nicht verlängert wird: „In Österreich ist alles möglich. Auch daß du als Trainer entlassen wirst, wennst Erfolg hast."
Happel geht diesmal schon 20 Minuten vor Schluß, kommt aber zurück, weil sein Auto eingezwickt ist und er die Schlüssel nicht findet. So erlebt er das Austria-Double live.
„We are the Champions!" singen „Queen", fünf Reihen vor uns tanzen die Austria-Spieler mit dem Meisterteller, rechts von uns jubelt Maria Perschy, links von uns weint Joschi Walters Sohn. So emotionell ist die Meisterfeier im Stadion – der Happel nur äußerlich unbewegt zusieht. Wie oft, denke ich, hat er das schon erlebt, der erfolgreichste Trainer des Weltfußballs – und welcher seiner 18 Titel war für ihn der schönste? Der erste, der letzte, oder sind sie in der Erinnerung alle gleich?
„Wennst soviel gewonnen hast, sind die Titel für dich selbstverständlich. Denn dafür spielst ja – ums Maximum."
Paar Tage später, Treffpunkt Stockholm: Im Juni kommt der Teamchef als „Spion" zur „Euro '92", rechtzeitig zum Eröffnungsspiel Schweden – Frankreich. Ich hol ihn und Constantini vom Flugplatz ab. Auf Happels Koffer klebt immer noch das Pickerl von den Bahamas.

Wir reden in seinem Hotelzimmer, Nr. 412 im „Diplomat". Und Happel beschließt: *„Wenn's net geht, spiel ich nimmer auf Resultate, nimmer auf Statistik – sondern bau eine junge Mannschaft für meinen Nachfolger auf. Weil 1994 ... is eh aus."*
Schweden – Frankreich endet 1:1. Und Happel hat tags darauf strahlende Laune, als er seine Abenteuer erzählt.
Nach dem 1:1 steigen Happel/Constantini bei der falschen U-Bahnstation aus, finden kein Taxi, gehen zum Würstelstand – und das billige Abendessen schmeckt herrlich. *„Mit den ÖFB-Taggeldern kommen wir da sowieso net aus."*
Als wir im „Diplomat" sitzen, trippelt eine ältere, sehr vornehme, gräfliche Schwedin an uns vorbei, schaut Happel kurz an, geht weiter.
Hast du sie nicht erkannt? frag ich spaßhalber. Uddevalla 1958 – deine Flucht aus dem Teamquartier bei der WM ...
Happel lacht. *„Die Frauen"*, sinniert er, *„verändern sich ..."*
Einer aus unserer Runde tippt die Zukunft an.
„Weiß ich, was die Zukunft bringt?" sagt Happel. *„Vielleicht lieg ich in drei Monaten auf dem Hernalser Friedhof."*
Die Fußball-EM rotiert zwischen Stockholm, Göteborg, Norköpping, Malmö. Ein Reporter bietet Happel an: „Fahren S' mit mir mit dem Auto."
Happel: *„Gut, ich leg mich hinten auf die Bank und schlaf."*
In Norköpping gleicht Deutschland gegen die GUS erst in letzter Minute durch ein Freistoßtor von Hässler zum 1:1 aus. Berti Vogts entschuldigt die schwache Leistung mit dem starken Gegner: „Wir haben ja nicht gegen die Türkei oder Österreich gespielt." Worüber sich Happel maßlos aufregt: *„Ja, hat er vergessen, was er für ein Fußballer war? Fox-Terrier!"* Und denkt: *„Dem werde ich in Nürnberg meinen Text geben."*
Happel im Sommer: irritiert, daß sein geliebtes Café Ritter wegen Fassadenrenovierung geschlossen hält. Wochenlang hängen die grünen Netze. Das Ersatz-Café paßt ihm nicht ganz: *„Dort wollens mir andere Spielregeln für die Schwarze Katz einreden. Ich mache Sie aufmerksam, sag ich, wir spielen auf meine Manier."*
Der „Jahrhundertsommer" ist Happels letzter. *„Ich geh oft ins Kongreß- oder Ottakringer Bad. Wennst braungebrannt bist, schaust immer gesünder aus."*
Manchmal spielt er auch am WAC-Platz Karten: *„Dort is a anders Publikum."*
Ich stell ihm ein Mountain Bike ins Stadion: für lockere Trainingsfahrten im Prater. *„Ich muß erst den Platzwart suchen, daß er mir die Dusche aufsperrt, ... und brauch einen Masseur."*
Ich tipp ganz leise Willi Dungl an. Aber Happel hat sich den Innsbrucker Ärzten völlig überlassen. *„Ich will nix anderes machen, als sie mir sagen."*

An einem Julisonntag – während der Olympischen Spiele – fährt er mit Veronika in die Wachau, dann ins Kamptal. *„Zuerst nach Langenlois. Dort trink ich nach acht Jahren wieder ein erstes Achterl Wein – g'spritzt natürlich",* erzählt er. *„Und zum Willi Dungl nach Gars bin ich auch gefahren, hab mir sein Bio-Zentrum einmal von außen angeschaut."* Und wieso bist nicht gleich reingegangen? *„Weil Sonntag war – und zuviele Leut."*
Mittagessen beim „Eckel" im Sommer. Happel charmant und elegant: blauweiß gestreiftes Sommersakko, ißt seinen geliebten Kochsalat, hat wieder Appetit. Macht sich nur um unseren Fußball mehr Sorgen als um seine Gesundheit: *„Ich wundere mich, wieso Trainer wie Krankl, Prohaska und Hikkersberger ohne Job sein können."*
Ihn beunruhigt, daß noch so viele Teamspieler ohne Verein dastehen.
„Den Ogris will ich bei Rapid unterbringen – die beste Lösung. Hat leider nicht geklappt. Aber mir ist klar, daß er unbedingt einen Klub braucht, damit er nicht versumpert."
Thema Nummer 1 ist plötzlich Prohaska und die Austria. Nicht alles sehr elegant, was da passiert ist?
HAPPEL: *„In Österreich ist es so: Der Trainer, der keinen Erfolg hat, kann bleiben, und der Trainer, der Erfolg hat, der kann gehen, nicht? Das sind die österreichischen Maßstäbe, meines Ermessens."*
Bei Rapid scheint Gustl Starek ziemlich aufzuräumen? Sehr aggressiv, geht also ganz in die Offensive als Nachfolger von Hans Krankl?
HAPPEL: *„Es gibt immer verschiedene Typen. Ich hab nix gegen solche Typen. Der Gustl ist ein offener, ehrlicher Junge. Na, und der Prohaska ist wieder ein ruhiger. Jeder arbeitet auf seine Manier. Der eine hat mit dem Erfolg und der andere mit dem. Aber ich glaube schon, daß es irgendwie notwendig ist, daß man hineinfunken muß."*
Das tut Happel: Er holt Prohaska als U-21-Chef. Nie vergißt er sein „Funkberater"-Kappl, Vollprofi durch und durch wie Niki Lauda. Als Prohaska zum Trainerteam stößt, nickt Happel: *„Jetzt sind wir zwei Funkberater."* Und als der U-21-Chef einmal ohne Kopfbedeckung erscheint: *„Herbert, das Kappl!"*
Prohaskas Aufgaben?
„Er ist verantwortlich für die U-21, sitzt bei mir, haben wir wenigstens einen Mann vom Praktischen da. Und ich bin zufrieden."
Wird Prohaska dem Teamchef über die Schulter schauen?
„Naja, das ist natürlich die Bestimmung. Er hat seine Trainerkarriere vor sich, ich werde ihm behilflich sein, selbstverständlich. Und den Schneckerl kennen wir ja. Der ist nicht so, daß er sagt: Ich bin selber ein Professor. Das bin ich auch nicht, man lernt nie aus in dem Beruf. Und zwischen Spieler gewesen und Trainerkarriere ist natürlich ein großer Unterschied. Er hat's na-

„Zwei Magenoperationen, weil ich jahrelang immer alles in mich hineingefressen hab": Beim FC Swarovski-Tirol springt Happel öfter von seiner Bank auf als je zuvor – der Gerechtigkeitsfanatiker: „Aber ich wollte nie ein Schiedsrichter sein..."

„Von einem unbegrenzten Fußballer muß ich mehr verlangen können als von einem begrenzten.": Happel mit Hansi Müller (oben) und beim ersten Training im Wattener Stadion als Latzke-Nachfolger, mit Co-Trainer Rinker – 6. 7. 1987, Punkt 9 Uhr. Da vergatterte Happel noch 29 Kicker.

„Früher, als Verteidiger, hab ich dem Linienrichter immer selber das Abseits angezeigt." Bei Rapid – FC Tirol (0:1) explodierte Happel an der Outlinie. Einmal in seiner Karriere gab es eine unglaubliche Schiedsrichter-Bestechungsaffäre – im Europacup mit Feyenoord. Unten: Pacults Siegestor gegen die Admira.

„Nach drei Monaten in Innsbruck sag ich zum Präsidenten Langes: Sie haben eine wunderschöne Kulisse mit Nordkette und Patscherkofel, aber mir fällt das ganze Panorama auf den Kopf. Gleichen wir uns aus, ich geh!" Aber der Swarovski-Boß befiehlt: „Weitermachen!" „Gut", sagt Happel, „dann muß ich aber 13 Spieler raushauen

– nie beim Training und immer verletzt." Happel wurde Alpenkönig am Tivoli: zweimal Meister, einmal Cupsieger. Als er Teamchef wurde, wußte er schon, daß Swarovski im Sommer 1992 stoppt. Aber für Happel stand immer ein Privatjet mit Arzt an Bord bereit, um ihn zurückzuholen, egal von wo – falls es ihm schlecht geht.

Alpenkönig und Menschenfeind? Hansi Müller gegen die St. Pöltner Abwehr, Happel zweimal mit Heinz Binder auf der Betreuerbank. Der FC Tirol wird unter Happel zweimal Meister und einmal Cupsieger, erwischt aber im Europacup immer die stärksten Gegner: Real Madrid, Liverpool.

„Wennst schon so viel gewonnen hast, ist der Titel für dich selbstverständlich. Denn dafür spielst ja: ums Maximum." Ablinger, Zehentner, Danek, Gorosito, Lindenberger, Pacult, Streiter, Lainer, Prudlo, Immler (oben). Fuchs, Peischl, Westerthaler, Hörtnagl, Baur, Wazinger (unten) jubeln 1990 über den 1:0 Sieg über Austria.

„Nachtrauern hilft im Fußball nix. Es ist, wie es ist." 1991 kostet ein Gewaltschuß von Prosenik (2:2 gegen Admira) die Tiroler den dritten Titel. Und im Europacup lauern stets übermächtige Gegner: 1:9 gegen Real Madrid („Meine schwerste Niederlage, aber es hätte auch genauso 3:3 oder 4:5 ausgehen können."} und Liverpool

türlich leichter, weil er vom Praktischen kommt. Und er hat internationale Erfahrung, Länderspiele, hat im Ausland gespielt, also der Mann kann's ja nicht so schwer haben."
Die Meisterschaft verläuft spannend – war Rapid jemals Letzter?
„Wenn Rapid einmal Letzter ist, wird ja die Meisterschaft total uninteressant. Eine Meisterschaft ohne Rapid kann man sich in Österreich nicht vorstellen."
Stellen die Klubs langsam auf Raumdeckung um?
„Glaub ich weniger. Ich kann natürlich nicht einem Trainer etwas vorschreiben. Der hat seine eigenen Ideen, muß sich erst einmal anschauen, welches Material er zur Verfügung hat, ob er überhaupt im Raum spielen kann und von der Manndeckung abgeht. Aber bei mir ist radikal der Raum – das hat mit den anderen nichts zu tun."
Und die neue Rückpaßregel?
„Die ist, glaube ich, überhaupt kein Problem. Nur, wenn auf kurze Distanz zurückgespielt wird. Und man sieht auch: Es wird weniger zurückgespielt, auch auf längere Distanz. Sie nehmen auch kein Risiko. Verhältnismäßig, muß ich sagen, haben sie es gut überbrückt."
Vorletzter WM-Test gegen die CSFR in Preßburg: Ohne Polster und Andi Ogris, die zwar doch noch ihre Klubs gefunden haben – aber zuwenig Spielpraxis.
„Polster hat Verständnis gezeigt, der andere weniger. Aber das interessiert mich herzlich wenig. Weil ich habe ihm gesagt, daß ich nicht zufrieden bin im Moment. Sagt er zu mir ‚Ich bin mit Ihnen auch nicht zufrieden.' Mir ist lieber, er gibt mir so eine Antwort, als eine andere."
Die Gluthitze in Preßburg setzt Happel arg zu. Beinahe kollabiert sein Kreislauf. Im Hotel ist ihm so schlecht, daß der Teamarzt nach Innsbruck telefoniert: Im Ernstfall – welche Infusionen?
Spielerversammlung. Happel verrät die Aufstellung: „Im Tor Wohlfahrt. Wir werden vielleicht mit drei Libero beginnen, weil wir keinen Manndecker spielen. Rund um den Strafraum, in der Nähe vom Strafraum konsequente Manndeckung. Da muß ich decken, da kann ich nicht einen Kilometer weg sein. Also Zsak, Streiter und Wazinger, den hab ich mir von der Alm geholt... Und vorn Pfeifenberger." Die anderen wundern sich, wieso Happel sechs Posten offenläßt, aber keiner traut sich zu fragen: Spiel ich? Happel hat nicht vergessen: Zuerst die Taktik – und dann die anderen sechs.
Weil aus dem Stadion schon die Sendung „Sport und Musik" läuft, brauch ich die Aufstellung. Happel sitzt in der leeren Österreicher-Kabine, leidet sichtlich unter der Hitze. Also rattert mir Constantini die elf Namen aufs Tonband, und ich renn zurück zum Reporterplatz. Kaum bin ich beim Tor, ruft mich Heinz Palme zurück: Der Zauberer will mit dir reden.
„Was ist? Brauchst heut ka Aufstellung? Mach auf dein Kast'n."

Zum erstenmal ist Happel wirklich begeistert über die Angriffszüge, die überfallsartigen Angriffe aus dem Mittelfeld: *„Da haben wir in Bratislava mehrere Kombinationen. Da ist Phantasie drin, das Niveau hoch. In Bratislava spielen wir einen Superkonter. Das ist ja internationale Klasse!"*
Die Tore schießen Stöger und, tolle Einzelaktion, Pfeifenberger aus spitzem Winkel. 92. Minute, immer noch 2:1 für Österreich. „Kopfballungeheuer" Skuhravy ist längst entschärft, der dänische Schiedsrichter Milton-Nielsen pfeift noch immer nicht ab. In der 93. Minute gelingt Moravcik der Ausgleich. Happel entschuldigt: *„Die Konzentration hat schon nachgelassen – kein Vorwurf. Aber mit einem bißchen Glück hätten wir das Spiel gewonnen! Der Schiedsrichter hat wohl gesagt: eine Minute noch, hat aber zwei Minuten weiterspielen lassen. Na gut, das passiert, das können wir nicht mehr verändern. Und die Sache ist abgetan."*
Pressekonferenz in Linz vor Österreich – Portugal. Happel eisern aufrecht, keiner wagt, sich hinzusetzen, bevor nicht der Chef Platz genommen hat. Und nachher: *„Entschuldigen Sie, wenn ich net aufstehen kann. Ich hab mir den Rücken ein bißl verkühlt."* Ein Linzer Kollege: „Ich hab den Happel immer für einen Menschenverachter gehalten, jetzt hab ich nur noch Hochachtung und Respekt. Bin ich froh, daß ich diesen großen Mann noch kennenlernen durfte!"
Was aber nicht heißt, daß er nicht dazwischenfahren kann wie der Teufel: Radioreporter Manfred Payrhuber raucht in der Spielerkabine! Happel ist fassungslos: Zigarettenqualm in der Kabine – schlimmer als Orgien in der Sakristei! Und erzählt jedem: was sagst, der raucht in der Kabine.
Später Entschuldigung, Shakehands, alles verziehen. Happel ist nie nachtragend.
Andi Ogris ist in Linz wieder dabei: „Dieser Vertrauensbeweis hat mir viel gegeben." Torschütze: Polster – 1:1.
Happel sieht *„gewisse Spielzüge in der Mannschaft, speziell über die rechte Seite Feiersinger-Stöger".*
Eine schöne, erste Stunde, und alles in allem wesentlich mehr Positives als Negatives?
„Positiv auf alle Fälle mehr. Obligatorisch – die erste Hälfte immer gut, und dann haben wir so einen Durchsacker, auf 15, 20 Minuten. Wir müssen in einem bestimmten Elan durchspielen. Ich steh 1:0 vorn, also, auf was wart ich dann? Und dann passiert immer irgend etwas. Gut, wir waren vielleicht näher dem 2:0. Vom Spielverlauf her ein gerechtes Unentschieden."

Das ist der letzte WM-Test.
Happel weiß noch nicht, ahnt aber vielleicht: daß er wegen der WM-Qualifikation im Herbst wichtige Therapien verschieben wird. Wozu Bundeskanzler

Vranitzky später sagt: „Er hat dem österreichischen Fußball neue Kraft gegeben, als er selber schon fast keine Kraft mehr hatte."
Er hat Blinklichter, setzt Signale, stellt Weichen für die Zukunft. Noch im Oktober trifft sich Happel mit Hans Krankl zu einem dreistündigen Abendessen – italienisch, mit drei Stunden Fußballdiskussion. Krankl ist fasziniert und stolz, „daß Happel die gleichen Ansichten hat wie ich..., natürlich, ich die gleichen wie er. Über Spielerbehandlung, wen du raushauen mußt, über Systeme, übers Pressing." Und ist happy, „daß Happel die gleiche Sprache spricht wie ich. Erstens als Rapidler, zweitens als Fußballer. Unglaublich, seine Ansichten: Ich bin fast 30 Jahre jünger – und denk genau gleich wie er."
Der Fußball rollt österreichisch weiter. Im VIP-Klub im Stadion sitzt Happel immer am gleichen Ecktisch – immer in der gleichen Runde: mit Körner II, Argauer, Reschny, Hoffmann. Am „Schmähbankerl" rennt der Fußballschmäh. Nur manchmal eine kurze Frage: Lebt dieser alte Kicker noch? Oder der? „Ja, der hatte es auf der Lunge..., aber es geht ihm wieder gut." Dann wird's düster bis morbid.
Aber Happels Lebensmut ist unerschütterlich: *„Kannst du fragen, ob ich meinen Mercedes ab jetzt immer in Wien umtauschen kann? Damit ich nicht deswegen jedes Jahr nach Innsbruck fahren muß..."*
Er hat noch ein echt texanisches Steak-Essen mit „Wembley-Toni" Fritsch.
„Am liebsten iß ich jetzt Rindfleisch mit doppelt Gemüse."
Weniger schmeckt ihm, daß die UEFA, die nach einem argen Fehler des Stuttgart-Trainers Christoph Daum – vier Ausländer eingesetzt – überhaupt noch diskutiert: *„Es gibt ganz klare Bestimmungen."* Aber, freilich: *„Gegen UEFA oder FIFA hat noch keiner einen Prozeß gewonnen..."*
Im Herbst schleppt er sich zum Europacup-Krimi Rapid – Dynamo Kiew die Stiegen rauf. „Man soll net alt werden, die Füß wollen nimmer so richtig." Happel setzt sich in die Ehrenloge ans Eck, 1. Reihe, in der 2. Reihe sitzt Gerd Bacher mit seiner jungen Frau, einer begeisterten Fußballanhängerin, und ich denk mir noch: Wären auch Hans Dichard und, wenn möglich, Enzo Ferrari da: Die letzten Tyvoons von Fußball, Fernsehen, Medien und Formel 1. Krankl nickt: „Mit Enzo Ferrari hast du recht. Der Vergleich stimmt."
Ein Fußball-Mittwoch. Ich treff Happel zum Mittagessen beim „Arlt", den ich aus Kindheitstagen kenn – 100 Meter vom Sportclubplatz. Rudi Szanwald, jetzt Happels Tormanntrainer, kommt kurz vorbei und berichtet über ZSKA Sofia, Austrias Europacupgegner.
„Alle reden von Frankreich und Schweden. Aber ich hab immer gesagt: Die Bulgaren sind die Gefährlichsten in unserer Gruppe! Schon allein wegen der starken Legionäre." Happel „röntgenisiert" Hristo Stoitschkov: *„Ein Spieler, für den die Holländer ein Schlagwort haben: Den mußt du rauslocken aus dem Tent – aus dem Zelt heraus. Den mußt du provozieren! Aber*

nicht wie Pecl, bei dem du schon 20 Kilometer vorher siehst, was kommt."
Sein Gefühl täuscht Happel nie: Bulgarien schlägt Frankreich an diesem Tag in Sofia 2:0, ein Tor von Stoitschkov.
Geheimnisse darf's keine geben. Einmal haben Happel/Constantini die Franzosen beobachtet, viermal Didi allein, einmal Prohaska. *„Und von allen EM-Spielen hab ich Videos – die schau ich speziell an."*
Vor dem Abflug zur WM-Premiere wollen alle etwas von ihm. *„Wieso muß ich jetzt schon die Bälle unterschreiben? Sind doch erst für Weihnachten."* Oder sein Fußabdruck in der „Straße der Sieger" in der Mariahilfer Straße: *„Geht jetzt net. Später, wenn ich Zeit hab."*
Bundeskanzler Vranitzky lädt zum Heurigen des „Klubs der Freunde der Nationalmannschaft" nach Neustift. Neben Happel sitzt der gleichaltrige deutsche TV-Star Harry Valerien. Der 65jährige, der wie 45 aussieht, neben dem 66jährigen. Valerien erzählt von seiner ersten Fußballübertragung: „Deutschland 1942 gegen die Schweiz – mit fünf Österreichern."
Happel denkt schon an Paris. „Wenn wir nicht verlieren", hofft Kurier-Sportchef Wolfgang Winheim, „lebt unser Teamchef ein halbes Jahr länger."
Alle spüren mit Beklemmung, wie seine Kraft nachläßt, aber unbeeindruckt spricht er weiter vom „lebensgefährlichen Papin" und von „tödlichen Kontern", projiziert alles auf den Fußball, obwohl er längst mit geborgter Zeit lebt, obwohl er spüren muß: Sein Leben ist längst in der Nachspielzeit, und eigentlich ist sogar das Elferschießen schon vorbei.
„Aber am Abend schauen wir Leeds United an. Das ist wichtiger als eine Stunde länger beim Heurigen... Zsak hat Probleme mit der Ferse. Pfeifenberger ist nach seinem Nasenbeinbruch eine Doktor-Angelegenheit".
Montag ist Abflug. „Monsieur Happel" wieder in Paris: Als kehrte Napoleon nach Austerlitz zurück (eher Waterloo). Oder jagte Niki Lauda nochmals um den Nürburgring. *„Wie steht der Franc?"* fragt er. 1:2, damals 1:6. Er trifft *„einen Russen, der nach mir bei Racing war"*. Heute vegetiert der Nobelklub in der dritten Amateurliga.
Vom Hotel sinds nur 10 Minuten ins Stadion „Louison Bobet", zum Viertdivisionär Levallois. Happel friert beim Training, ihm ist erbärmlich kalt. *„Schrecklich, wie es zieht. Auch das Hotel heizt net richtig, frierst du auch so?"* Dreimal während des Trainings flüchtet Happel in die Stadion-Katakomben, an den Kachelofen in der Kabine, überläßt Constantini und Szanwald das Training. Aber als jemand den Verdacht äußert, Austria-Betreuer Szanwald kümmere sich mehr um Wohlfahrt, fährt er sofort dazwischen: *„Keine Bevorzugung!"*
Zurück im Hotel, läßt ihm Heinz Palme sofort ein heißes Bad ein und schickt ihm eine heiße Suppe aufs Zimmer.
Das Dienstagtraining im „Louison Bobet"-Stadion sagt er ab, *„weil ich keine*

geheimen taktischen Varianten trainieren kann, wenn aus den Häusern alle zuschauen". In Wirklichkeit ist ihm zu kalt. Dienstag daher: Ein Spaziergang zum Eiffelturm und im Bois de Boulogne. Abends: Flutlichttraining im Parc de Princes.

„Kannst mit dem Teambus zum Training mitfahren", bietet Happel dem mitgereisten Hasil an – weil er die Feyenoord-Zeiten ein letztesmal aufleben lassen will. Aber Hasil versteht das Signal nicht und geht lieber Abendessen: „Heute tut's mir leid."

Mittag die Aufstellung: Wieder Wohlfahrt im Tor.

Konsel fürchtet um seine Karriere, bittet Happel noch am Matchtag um ein Gespräch, „weil man mir noch nicht erklärt hat, warum ich früher die Nummer 1 war und jetzt plötzlich nimmer bin". Happel bleibt stur und hält ihm immer noch das blöde Rückpaßtor vor – als er den Ball stoppen wollte. Darauf bietet Konsel seinen Teamrücktritt an, Happel überredet ihn. Auf eine Grippe oder Verletzung von Wohlfahrt hofft Konsel nie: „So was willst als Sportler nicht."

Nachmittag schaut sich Happel kurz die Live-Übertragung vom U-21-Match an, schläft bei 0:2 ein. Als er aufwacht – Ende 1:5!

Am Abend ist der Schock noch größer. Happel hat so sehr auf ein schnelles Kontertor im Parc de Princes gehofft – aber das gelingt den Franzosen schon nach drei Minuten. Traumpaß von Cantona zu Papin, 1:0. Cantona erhöht nach der Pause auf 2:0. Österreich hat nicht den Funken einer Chance.

Als wir alle deprimiert auf den Rückflug warten, sitzt Happel einsam und traurig da: *„Sowas von inferior hab ich mein ganzes Leben nicht erlebt, international gesehen. Schießen das ganze Match nicht einmal aufs Tor. Erster Corner erst in der 85. Minute!"*

Tags darauf schaut Happel im „Eurosport" das Match zur Kontrolle nochmals und ist zutiefst deprimiert und erleidet gesundheitlich einen argen Rückschlag. *„Jetzt müssen wir unbedingt gegen Israel gewinnen, sonst sind wir weg!"* Deswegen verschiebt Happel die nächste Therapie. Und übergeht – wie die Ärzte später anhand der Computertomographie feststellen – einen Lungeninfarkt.

Dadurch explodiert das Karzinom, breitet sich im Körper aus. Ab jetzt sind die Tage fast gezählt.

Das Rückenmark ist angegriffen, und damit das zentrale Nervensystem. „Jeder Tag", sagt mir Veronika, „ist für ihn ein Geschenk. Aber er kämpft um jeden Tag." Er hat immer größere Probleme beim Schlucken, und er trinkt längst nur noch angewärmtes Mineralwasser.

Nach Paris hört Happel auf, Auto zu fahren. Bis Veronika einmal ganz aufgeregt beim ÖFB anruft: „Die Garage ist leer. Er muß schon wieder selber unterwegs sein..." Der letzte Trainerlehrgang in Lindabrunn.

„Vorm Israel-Match will ich keine Pressevertreter sehen. Block mir alles ab!" bittet er seinen Presechef Heinz Palme.
28. Oktober, Österreich – Israel. Als ich Happel am Matchtag, zu Mittag, in seinem Zimmer draußen im City-Club besuch, könnte ich glauben, ich hab irrtümlich die Sauna erwischt. Heizung voll aufgedreht, gut 40 Grad.
Der arme Kerl ist, wie man so leichtfertig sagt, „nur noch Haut und Knochen". Zweimal hat ihn Veronika aufgefangen, als er im Badezimmer stürzt. Die Beine, die Cola-Dosen von der Querlatte gepfeffert, die Real Madrid zerbombt haben, werden immer schwächer: *„Ich brauch mehr Kraft in die Füß."* Noch im Oktober hat Happel verzweifelt den Fitness-Spezialisten Holdhaus aufgesucht: *„Mach mir ein Programm fürs Zimmerfahrrad."* Und Schwimmen? frag ich ihn. *„Das geht nimmer öffentlich. Mein Körperbau . . ."*
Gegen Israel spielen unsere Fußballer „alle für Happel und ein bißchen für Österreich". Als wollten sie ihrem Chef noch eine letzte Freude machen. Andi Herzog schießt zwei herrliche Tore. Bei 3:1 und 4:2 kommen einzelne Spieler zur Betreuerbank gelaufen, fordern einen zusätzlichen Abwehrspieler: „Die Israelis werden gefährlich." „Nein", beharrt Happel, *„ich bring einen Offensiven."*
Endstand 5:2! Paris ist vergessen.
Viel Applaus, als Happel zu seiner letzten Pressekonferenz kommt – und noch mehr Wehmut.
„Es ist natürlich eine Verpflichtung gewesen. Wir hatten Geduld gehabt, denn es hat lange gedauert. Ich denke, daß sich die Mannschaft nach der Pause, was mich überrascht, gesteigert hat. Wir haben heute einmal durchgespielt. Ich bin hochzufrieden. Wir haben uns rehabilitiert. Ich hoffe, daß es in dieser Manier weitergeht . . ."
Ob er überlegt hat, Polster auszutauschen? „Den kannst net rausstellen." Ob er gewußt hat, daß Ogris so super durchkämpft? „Sonst hätt er net gespielt." Und welches Tor hat ihm am besten gefallen? *„Alle fünf . . . aber das schönste war doch vom Herzog."*
Seine Augen leuchten. Das 5:2 – für Ernst Happel Lebenselixier. Schön für ihn, daß er mit einem Sieg aufhören darf. Freust du dich auf Deutschland? frag ich, und er nickt leise. *„Aber zuerst muß ich nach Innsbruck, Therapie. Und dann, vom 2. bis 16. Dezember hab ich Bali gebucht. Ich brauch Sonne und Wärme."*
Gernot Langes, sein FC Swarovski-Präsident, spannt ein Rettungsnetz um seinen früheren Trainer, hat seinen Privat-Jet abkommandiert, komplett mit Arzt an Bord: „Wann und wo immer Herr Happel Hilfe braucht – wir holen ihn zurück, egal von wo", hat er angeordnet.
Happel wird die indonesische Götterinsel nie mehr sehen.
Ich wollte nie derjenige sein, der eins der vielen „letzten Interviews mit

Happel" schreibt. Aber ich bin bei ihm, als er nach dem Israel-Match, spät abends, zum letzten Mal aus dem Stadion geht. Veronika will ihn überreden, "weil du Bewegung brauchst, net immer nur sitzen". Aber er will nicht, und sie holt das Auto vom Parkplatz.
Tags darauf schick ich ihm noch ein Glückwunschtelegramm zum 5:2 in die Veronikagasse: „Du hast uns wieder einmal gezeigt, wie schön Fußball sein kann." Dann flieg ich zur Formel 1 nach Australien.
Was so betroffen macht, ist sein öffentliches Sterben. Der Reihe nach kommen sie, um Abschied zu nehmen. Das flämische TV, der „Kicker", sogar „Bild". Und erscheint tags darauf in schwarzen Balken, mit der Schlagzeile: „Zum Weinen" samt Happel-Foto.
Beim ÖFB überlegen sie, alle „Bild"-Exemplare in ganz Wien aufzukaufen, um Happel die Story zu verheimlichen. Als er sie dennoch sieht, reagiert er deftig: Mit dem Götz-Zitat. *„Die haben mich schon vor zwei Jahren sterben lassen."*

REQUIEM FÜR HAPPEL – EIN 0:0

Didi Constantini rast mit dem Auto dreimal nach Innsbruck, „weil ich spür, der Vater braucht mich". Sein eigener Vater ist gestorben, als Didi in Jeddah gekickt hat. „Ich hab das Bedürfnis, den Ernscht zu drucken, würde ihm aber wehtun. Also drück ich ihm ein Bußl auf die Stirn."
Für ein Wochenende darf Happel noch aus der Klinik: Nicht ins Haus nach Partsch, sondern nach Seefeld, wo Veronikas Schwester eine Wohnung hat. Das Wetter spielt total verrückt Mitte November: warmer Föhn, kalte Winde, dann versinkt Seefeld im Schnee. Im Zeitraffer erlebt Happel nochmals alle Jahreszeiten. Und sein ganzes Leben, wie mir Veronika anvertraut.
Dienstag ist Fußball-Gipfel am Krankenbett: mit Präsident Mauhart, Gigi Ludwig, Heinz Palme und natürlich Constantini. „Welchen Kader willst für Nürnberg?" fragt Didi. *„Den gleichen wie gegen Israel, und nimm zwei dazu."* Halbernst redet Happel von einem Ausbrechversuch: *„Ich hau da einfach ab."* Und Constantini sagt: „Happel sieht auch im Rollstuhl noch mehr als jeder andere Trainer."
Dienstag ist Happel noch völlig klar. Er füllt sogar noch ein paar Kuverts – fürs Pflegepersonal.
Donnerstag fürchten die Ärzte: Jetzt könnten die Schmerzen kommen. Ob der Patient mit Morphium einverstanden sei? Freitag kommt sein Sohn aus Wien, Samstag um 16 Uhr Gernot Langes, direkt von seinem Weingut aus Argentinien.
Ernst Happel – am Ende des Regenbogens. Als er die Letzte Ölung bekommt,

weint er. Tief betroffen geht der Arzt aus dem Zimmer.
Der Patient kann nur noch durch den Mund atmen. Die Ärzte überlegen die Anwendung eines Sauerstoffgerätes. Happel kann und will nicht mehr.
Samstag nachmittag meldet der ÖFB, Happel könne aus gesundheitlichen Gründen nicht nach Nürnberg reisen. Da verspricht Andi Herzog in die TV-Kamera noch ganz besonderes Anstrengen, „um unserem Chef eine Freude zu machen. Damit's ihm wieder besser geht."

Samstag, 14. November, 17.17 Uhr, schläft er ein. „Friedlich und ohne Schmerzen, wie er es sich verdient hat." 17.17 Uhr, als in Österreich und Deutschland die Bundesligaspiele abgepfiffen werden – und wie unwichtig ist plötzlich so vieles, was der Starek über den Krankl schimpft oder umgekehrt. In Holland steht der Fußball still, fast überall trägt er Trauerflor. Auf Happels Ecksitz am Sportclubplatz liegt ein Blumenstrauß.
Veronika bleibt nichts mehr zu tun. Sie fährt nach Wien, verabschiedet sich Sonntag im City-Club von den Teamspielern, fährt dann aber doch nach Nürnberg mit. Stimmung: total in Moll.
Das Match, das er sich so sehr gewünscht hatte, wird zum Requiem für Happel. „Wir spüren, daß er uns von oben zuschaut." Constantini vertritt seinen Chef brillant, hält an Happels Taktik fest: „Nur ja net verstecken!"
Zögernd erfreuen wir uns nochmals an Hans Krankls Toren von Cordoba, untermalt von Edi Fingers „I wer narrisch" – sogar in Deutschland. Berti Vogts leidet, als nochmals sein Eigentor von 1978 eingespielt wird. „Eine schöne Flanke, aber ich bin schuldlos. Maier hätte den Ball halten müssen!" Leider hört man nicht auf Sendung, was Sepp Maier dazu sagt: „Aber nicht bei solchen Verteidigern..."
Motivation ist für Vogts kein Problem: „Ich muß meinen Spielern nur die hämischen Kommentare nach dem 4:1-Sieg der Österreicher von 1987 vorlesen." Es nützt ihm nichts. Österreich spielt super: Ein mehr als ehrenvolles 0:0 gegen den Weltmeister! Dabei hat der eingewechselte Toni Polster kurz vor Schluß sogar den Matchball auf dem Fuß.
Constantini und den Spielern kann man nur gratulieren. „Wie hat Herr Happel gesagt?" lächelt Präsident Mauhart. „Da wird was draus..."
Tags darauf schimpft „Bild" auf die deutsche Truppe: „0:0 gegen die international zweitklassigen Österreicher – das war wieder nichts, Berti! Ihr habt uns den Feiertag versaut!" 90 Prozent der Leser fordern bereits einen anderen Teamchef.
Österreich verabschiedet sich mit einem Staatsbegräbnis von Ernst Happel. Annemarie kondoliert aus Belgien. Veronika nimmt Abstand davon, aufs Begräbnis zu gehen – sie wird sich tags darauf, in der Früh und ganz allein, von Ernst verabschieden.

Und Elfriede Happel wird gefragt: Räumst du jetzt dein Happel-Museum aus? Oder kannst du damit leben? „Ich kann. Denn für mich lebt er weiter – ob er bei mir ist oder nicht."
Ernst Happel Junior ist der Alleinerbe. Veronika übersiedelt nach Kühtai in Tirol, um als Receptionistin zu arbeiten.
Und das Praterstadion heißt ab sofort „Ernst-Happel-Stadion".

Am 4. Dezember geht Elfriede Happel nochmals vom Schafberg den steilen Himmelmutterweg bergab: zur Seelenmesse. Da ist das Happel-Nachfolgespiel schon voll im Gang: Otto Rehhagel bestätigt in Bremen Kontakte mit dem ÖFB, für die Fans wäre Constantini der logische Erbe. Und die ersten Trainer murren bereits gegen das Team-Wintertrainingslager – was sie sich nie getraut hätten, wäre Happel noch am Leben.
Er hat manchmal von Wiedergeburt gesprochen. *„Daß i nochmals auf die Welt komm."* Vielleicht erleben wir in 20 Jahren wieder einen blonden, genialen Fußballer, der Bälle im Strafraum mit dem Hintern stoppt, dem eigenen Tormann Eigentore ins Kreuzeck knallt, aber auch gegnerische Tornetze zerschießt.
Wahrscheinlich baut er oben inzwischen schon himmlische Abseitsfallen auf, oder er macht Petrus, wenn er nicht pünktlich mit dem großen Schlüssel aufsperrt, beim Konditionstraining die Hölle heiß.

TRAUERREDE DES ÖFB-PRÄSIDENTEN BEPPO MAUHART

Wir alle kennen die Antwort Ernst Happels auf die Frage, wie alt möchten Sie werden? Ich möchte 75 Jahre alt werden und 150 Jahre gelebt haben.
Die ganze Lebensphilosophie in einem kurzen, inhaltsschweren Satz, der den Blick freigibt in die Seele und in das Denken eines Menschen voll üppiger Lebenslust, voll kaum zähmbarer Energie, voll berstender Intensität. Mit normalen Maßstäben nicht zu messen und nicht zu fassen in der bürgerlichen Enge der Alltäglichkeit.
Ernst Happel hat es auch dem Tod nicht leichtgemacht. Sein eiserner Wille führte einen hartnäckigen Kampf gegen einen Gegner, dem wir alle einmal unterliegen werden. Aber wir hatten gehofft, daß Ernst Happel dem Tod – wenn er ihn schon nicht besiegen – so doch ein Schnippchen schlagen könne. Daß ihm eine Art Waffenstillstand gelingen möge, um mehr Zeit für sein letztes großes Ziel zu haben, nämlich die österreichische Nationalmannschaft zur Endrunde der Fußball-Weltmeisterschaft 1994 zu führen.
Ernst Happel war – und ich sage das ganz ohne Pathos und ohne Überzeichnung in der Stunde des Abschieds –, Ernst Happel war ein außergewöhnlicher Mensch. Geboren in einem Wien der Wirtschaftskrisen und der Arbeitslosigkeit, aufgewachsen in Fünfhaus, unterschied sich seine Kindheit und Jugend nichts in der von seinen Mitspielern. Nur, daß er eben auch in dieser Zeit eben besser mit dem „Fetzenlaberl" umgehen konnte als andere.
Der begnadete Fußballer Happel, Verteidiger in einer großen Rapid-Mannschaft, gehörte 51mal dem Nationalteam an. Der Fußball ging ihm über alles. Und doch nahm er ihn – sich selbst bezeichnete Happel als Spieler, und in einem der guten unter den berühmten Nachrufen auf Ernst Happel steht der Satz zu lesen: „Ernst Happel war Spiel. Spiel und Spieler. Doch einer, der sich stets unter Kontrolle hatte, denn „nur ein Verzweifelter setzt alles auf einen Wurf", heißt es bei Friedrich Schiller.
Obwohl als Fußballer ein Genie, hätte es keiner seiner Mitspieler, seiner Gegenspieler oder Betreuer für möglich gehalten, daß er als Trainer zur Legende werden würde. Mit 18 Titeln, davon zweimal Gewinner des Europacups, einmal sogar Sieger im Weltpokal, ist er der Erfolgreichste seiner Branche. Und das – weltweit. Er wußte eben, was er seinem Spitznamen „Weltmeister" schuldig war.
Wer Ernst Happel einmal begegnete, ihn bei der Arbeit beobachtete, den Inhalt seiner Rede in sich aufnahm, der merkte: Hier ist ein Mann, der versteht mehr von diesem Spiel als jene, die sich gewöhnlich „Experten" nennen. Er arbeitete mehr als 99 Prozent seiner Berufskollegen, doch wäre das nicht ausreichend gewesen, hätte er nicht immer gewußt, worum es wirklich ging. Hätte er nicht immer klar sein Ziel gesehen und seinen Weg dorthin gekannt. Wie ein Schachspieler bezog er den Gegner mit ein.
Er fand Züge, die vor ihm noch keiner erdacht. Und analog dem Schachspiel komponierte er sich eine Mannschaft und entwickelte er sich seine Strategie. Und wie beim Schachspiel und beim geliebten Spiel mit den Karten sah er im Angriff die beste Verteidigung. Die Lust zum Risiko war einer der Schlüssel zu seinen Erfolgen.
Ernst Happel war Spiel, war Autorität. Aber er schrie nie, er war kein Peitschenknaller. Er war konsequent, geradlinig, gerecht. Doch konnte er unerbittlich sein, traf er auf Spieler ohne Charakter, wie er es immer nannte. Er forderte Ehrlichkeit im Charakter und in der Leistung, ehrlicher Einsatz ging ihm über alles. Freude

hatte er mit Fußballern, die Phantasie zeigten, schöpferisch waren, die es – nach seinen Worten – in den Beinen und im Kopf hatten. Doch auch den vielen, denen Grenzen gesetzt waren, kam er mit Respekt entgegen, wenn sie ehrlich ihre Leistung brachten.

Schon 1990 waren wir im ÖFB darum bemüht, er möge die Nationalmannschaft zur Weltmeisterschaft begleiten. Doch mit untrüglichem Gespür wußte er, der Erfolg dieser Qualifikation gehörte einem anderen. Er wollte sich nicht in ein gemachtes Bett legen, sich mit fremden Federn schmücken. Deshalb sagte er für Italien ab. Vor einem Jahr war die Herausforderung größer, die Aufgabe daher reizvoller. Das Nationalteam, zutiefst verunsichert, ohne Selbstvertrauen, ohne Fortune. Das nationale und sogar das internationale Ansehen unseres Fußballs an einem Tiefpunkt angelangt, da war Ernst Happel bereit anzutreten. Zu seinen engsten Freunden sagte er: „Sie haben mich herumgekriegt."

Sie – das waren nach seiner Darstellung der Herr Bundeskanzler und ich. Seine Bereitschaft, sich rumkriegen zu lassen, war eine Glücksbotschaft. Augenblicklich kam eine Hoffnung auf, stieg das Selbstbewußtsein, geriet Österreichs Fußballwelt wieder in Ordnung.

Ich verneige mich daher in großer Dankbarkeit und wiederhole meine Überzeugung: Kein Trainer der Welt hätte zu diesem Zeitpunkt, in dieser Situation so selbstverständlich, so überzeugend, so wirkungsvoll an die Arbeit gehen können. Ausgestattet mit einem hohen Maß an natürlicher Autorität, wie sie nur eine große Persönlichkeit ausstrahlt, gepaart mit der Unangreifbarkeit höchster fachlicher Kompetenz und unvergleichlicher Erfolge, gelang ein kleines österreichisches Wunder. Happel, der Erfolgsmensch, der für manchen Unnahbare, war ein sensibler, empfindsamer, vielleicht sogar ein verinnerlichter Mensch. Sogar auf Ungerechtigkeit reagierte er nach außen nie, was manche glauben ließ, er sei unverwundbar. In Wirklichkeit trafen ihn Spitzen und Gemeinheiten.

Es war am 14. November 1956 bei der Flutlichteröffnung im Wiener Stadion gewesen, als er die spanische Wundermannschaft Real Madrid mit seinen drei Toren schockte. Und es waren genau 36 Jahre vergangen, als er in diesem Stadion, das in Hinkunft seinen Namen tragen wird, zum letzten Match antrat, dem 5:2 gegen Israel. Als er unmittelbar vor dem Schlußpfiff aufstand und langsam dem Kabinengang zustrebte, ging ein Blitzlichtgewitter der Fotografen auf ihn nieder. Er ließ es gelassen über sich ergehen. Unbeeindruckt und würdevoll war Ernst Happels Abgang von der großen Bühne des Fußballs.

Als Fußballer hatte er Spielwitz, als Mensch Mutterwitz, als Fußballer und Mensch Charisma. Diese ganz besondere Ausstrahlung zeichnete Ernst Happel aus. Er war eigentlich ein Stiller in der überlauten Fußballwelt, deren Ovationen er über sich ergehen lassen mußte, weil sie zum Ritual gehören. Ein Wiener durch und durch, und doch widersprach er in allen Klischeevorstellungen des Wiener Bildes. Professionalität nannte er seinen Maßstab, Disziplin schien ihm die Voraussetzung dafür. In seiner Arbeit blieb er oft allein und einsam. Das brauchte er, denn nichts kann ohne Einsamkeit vollendet werden.

Sein Tod ist mehr als ein schwerer Verlust. Das Wort „unersetzlich" ist angebracht und gerechtfertigt, denn Ernst Happel war auf eine ganz besondere Weise eine ganz besondere Persönlichkeit und ein ganz besonderer Mensch. Ein Solitär von höchstem Karat.

Und dafür, daß er mit uns gearbeitet hat, daß er sich rumkriegen hat lassen, sage ich: „Tausend Dank! Ernst Happel, es war ein schönes Jahr!"

ERNST HAPPELS FUSSBALL-LEBEN

ALS AKTIVER

1938—1943	Rapid
1946—1954	Rapid
1954—1956	Racing Paris
1956—1958	Rapid
1958—1959	Sektionsleiter bei Rapid (Trainer: R. Körner)

ALS TRAINER

1962—1968	Ado den Haag
1968—1973	Feyenoord
1973	FC Sevilla
1975—1978	FC Brügge
1978	Harelbeeke
1978	Hollands Teamchef
1978—1981	Standard Lüttich
1981—1987	Hamburger SV
1987—1991	FC Tirol
1992	Österreichs Teamchef

ERFOLGE ALS SPIELER

51 Länderspiele
WM-Teilnahme 1954 (Dritter) und 1958
FIFA-Team gegen England
6 Mal Meister
1 Mal Cupsieger mit Rapid

ERFOLGE ALS TRAINER

Meister:

1969	Feyenoord
1976	FC Brügge
1977	FC Brügge
1978	FC Brügge
1972	Hamburger SV
1983	Hamburger SV
1989	FC Tirol
1990	FC Tirol

Cupsieger:

1968	Ado den Haag
1969	Feyenoord
1977	FC Brügge
1981	Standard Lüttich
1987	Hamburger SV
1989	FC Tirol

Europacup:

1970	Feyenoord
1983	Hamburger SV

Weltcup:

1979	Feyenoord

Finale:

1976	FC Brügge (UEFA-Cup)
1978	FC Brügge (Meistercup)
1978	Holland (WM)
1982	Hamburger SV (UEFA-Cup)

DREI ANGRIFFSÜBUNGEN AUS HAPPELS NOTIZBLOCK

HAPPEL-ZEICHNUNG 1: Doppelpaßspiel rechts hinten (1,2), Ball herausführen (3), Paß auf die Spitzen (4), Hinterlaufen des ballführenden Spielers (5), letzter Paß vor dem Abschluß (6), Ballmitnahme und Schuß (7). Wie Happel immer betont: „Die Spieler, die von hinten kommen, sind die gefährlichsten, weil sie nicht auszurechnen sind."

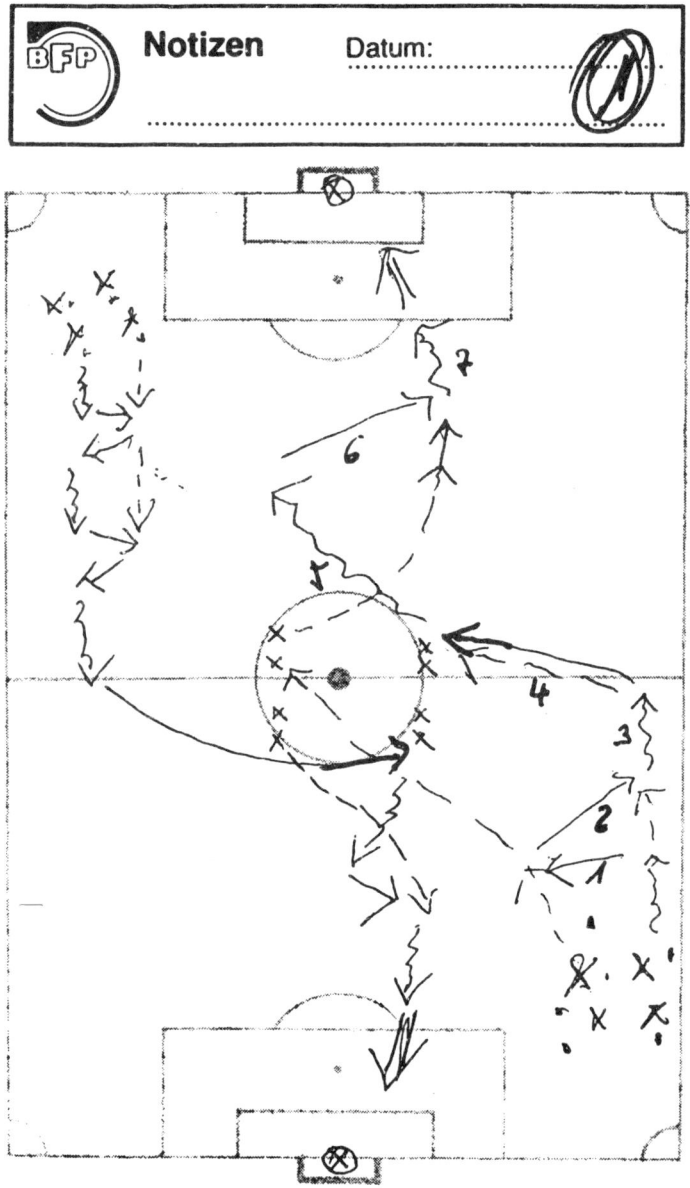

Fußballtaktik 167

HAPPEL-ZEICHNUNG 2: Verteidiger spielt sich nach hinten durch Ballführen frei (1), Wechselpaß nach links (2), linker Verteidiger führt den Ball ins Mittelfeld (3), Doppelpaß mit dem entgegenkommenden Stürmer (4), Wechselpaß auf die rechte Seite zu dem sich anbietenden rechten Mittelfeldspieler (5), dann Ballführen (6) und Abschluß (7). Happel über den Zweck dieser Übung: „Zweimalige Spielverlagerung, ein Doppelpaß und ein Abschluß."

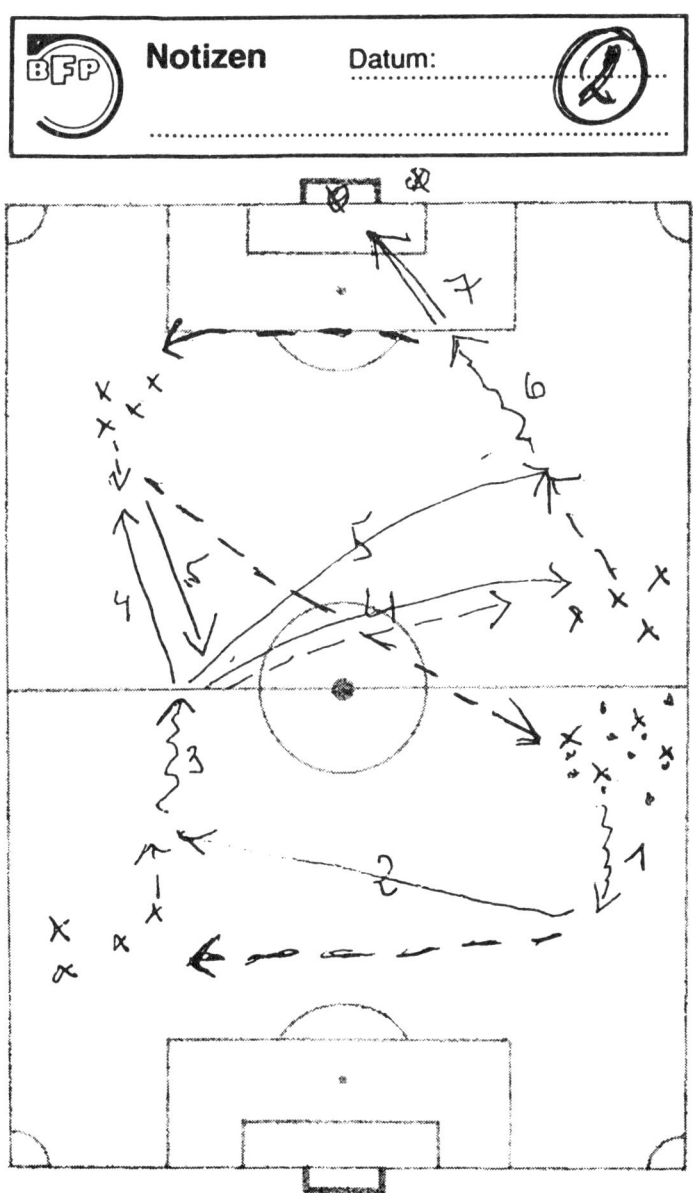

HAPPEL-ZEICHNUNG 3: Auswurf des Tormanns auf die rechte Seite (1), Verteidiger führt den Ball in die Mitte (2), Wechselpaß auf die linke Seite zum Mittelfeldspieler (3), Ballführen in die Tiefe (4), gehobener Paß auf Halbrechts zu dem sich anbietenden Stürmer (5), Ballführen in Richtung Tor (6), gegnerischer Verteidiger kommt entgegen, Spiel eins gegen eins mit Abschluß (7). Happel über diese Übung: „Anbieten des Verteidigers bei Ballbesitz des Tormannes, Verlagerung des Spiels auf die andere Seite, Sprint in den freien Raum des Mittelfeldspielers, wieder Wechsel in die halbrechte Position, Abschluß nach Dribbling.

Alle Übungen sowohl von rechts als auch von links und ständiges Wechseln der Spieler in den verschiedensten Positionen.

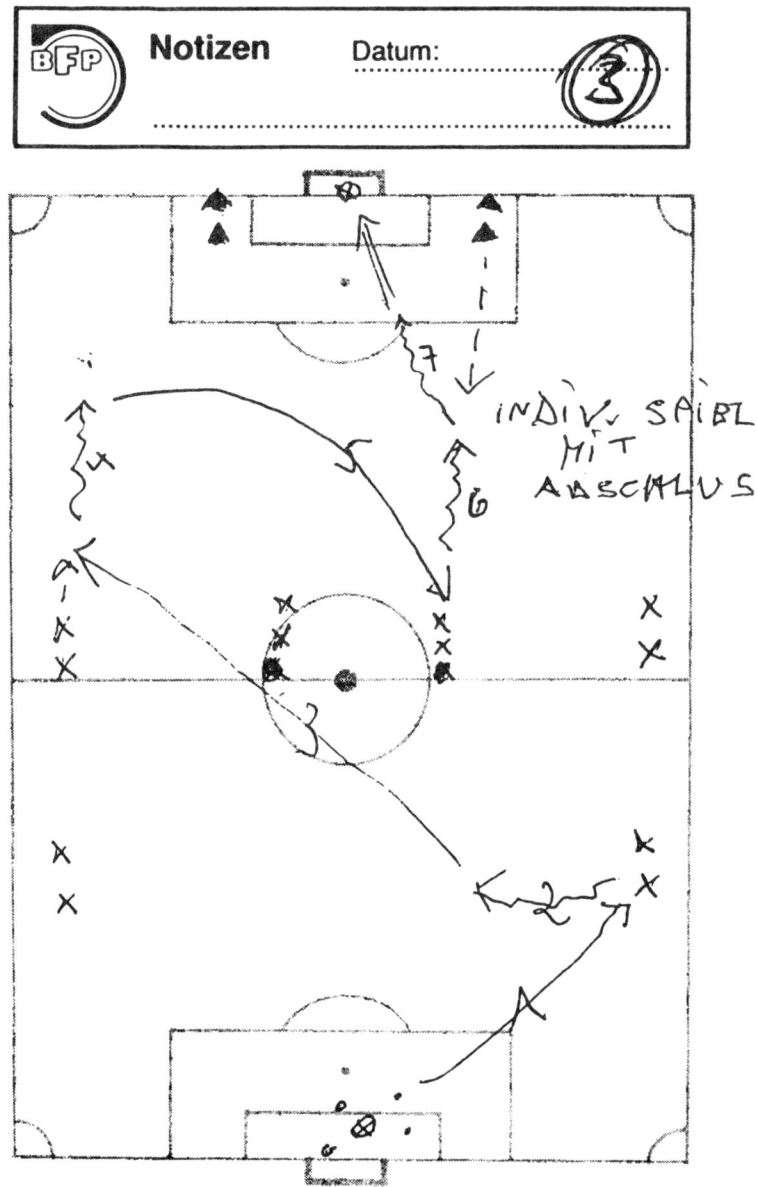

„Ich war immer ein Sympathisant vom Bundeskanzler." Happel bekommt das Silberne Ehrenzeichen der Republik Österreich (4. 12. 1990) und wird ein Jahr später völlig überraschend ÖFB-Teamchef. Am 20.12. 1991 mit Beppo Mauhart. „Soviel ein Präsident vom Fußball verstehen muß, soviel versteht er."

„Das Team ist meine letzte Station. Ich will alles tun, damit wir uns für USA 1994 qualifizieren." Happel nützt alle Tricks für die Terminplanung der Qualifikationsspiele, tauft die Austria kurzfristig in „FC Wohlfahrt" um, kümmert sich um Pfeifenberger und Pecl – und nimmt allen Druck von den Spielern.

„Ein Tag ohne Fußball ist für mich ein verlorener Tag. Im ÖFB-Büro muß ich immer das Fenster öffnen, sonst krieg ich Nikotinvergiftung." Unser Fußball ist am Boden, aber mit Happel geht ein Ruck durchs ganze Land. Assistent Didi Constantini: „Er hat die Philosophie, ich hab die Kraft."

Requiem für Ernst Happel: Das Ländermatch gegen Weltmeister Deutschland in Nürnberg, das er sich so gewünscht hatte, wird vor 50.000 Zuschauern zur Gedenkmesse für den verlorenen Menschen, Freund und Teamchef. Didi Constantini legt symbolisch Happels schwarze Kappe auf den leeren Sitz neben sich.

„Aber wir spüren sowieso, daß uns der Ernscht von oben zuschaut." Die Mannschaft spielt ganz im Happel-Stil, frech und selbstbewußt und trotzt dem Weltmeister ein verdientes 0:0 ab. „Happel hätte mit diesem Match viel Freude gehabt", wissen alle auf der Betreuerbank.

„Ich bin froh, daß ich das alles angenommen habe. Es war für mich ein schönes Jahr." Die ganze Saison war für Happel rückblickend ein einziges Abschiednehmen. „Aber er gab", sagte Bundeskanzler Vranitzky, „dem österreichischen Fußball neue Kraft, als er selbst schon fast keine Kraft mehr hatte."

Sein letzter Sieg: Auf den Tag genau 36 Jahre, nachdem er für Rapid im Europacup gegen Real Madrid drei Tore geschossen hatte, führte Happel unser Team zum 5:2 Sieg gegen Israel. Das Match war ihm wichtiger als eine Therapie und ein übergangener Lungeninfarkt. Oben: Peter Stöger. Unten: Andi Ogris und Andi Herzog.

HAPPELS 51 LÄNDERSPIELE

1947

Österreich — Ungarn 4:3 (14. September, Wien)
Musil; Wagner II, Happel; Brinek, Gernhardt, Joksch; Decker (Melchior), Hahnemann, Stojaspal, Binder, Körner II. — *Tore:* Binder (2), Hahnemann, Körner II.

Tschechoslowakei — Österreich 3:2 (5. Oktober, Prag)
Musil; Wagner II, Happel; Gernhardt, Sabeditsch, Brinek; Melchior, Hahnemann, Binder, Stojaspal, Körner II. — *Tore:* Binder, Stojaspal.

Österreich — Italien 5:1 (9. November, Wien)
Zeman; Pavuza, Happel; Brinek, Ocwirk, Joksch; Bichler, Hahnemann, Wagner, Stojaspal, Körner II. — *Tore:* Brinek (2), Ocwirk, Stojaspal, Körner II.

1948

Österreich — Schweiz 3:1 (18. April, Wien)
Zeman; Kowanz, Happel; Mikolasch (Brinek), Ocwirk, Joksch; Melchior, Stroh, Epp, Hahnemann, Körner II. — *Tore:* Epp (2), Melchior.

Österreich — Ungarn 3:2 (2. Mai, Wien)
Zeman; Kowanz, Happel; Mikolasch, Ocwirk, Brinek; Melchior, Wagner, Epp (Stroh), Hahnemann, Körner II. — *Tore:* Melchior, Wagner, Körner II.

Türkei — Österreich 0:1 (30. Mai, Istanbul)
Zeman; Kowanz, Happel; Mikolasch, Ocwirk, Joksch; Melchior, Hahnemann, Wagner, Stojaspal (Stroh), Körner II. — *Tor:* Körner II.

Schweden — Österreich 3:2 (11. Juli, Stockholm)
Zeman (Pelikan); Kowanz, Happel; Brinek, Ocwirk, Joksch; Melchior, Habitzl, Wagner (Stroh), Stojaspal, Körner II. — *Tore:* Habitzl (2).

Österreich — Schweden 0:3 (2. August, London, Olympische Spiele)
Pelikan; Kowanz, Happel; Mikolasch, Ocwirk, Joksch; Melchior, Habitzl, Epp, Hahnemann, Körner II.

Ungarn — Österreich 2:1 (3. Oktober, Budapest)
Zeman; Kowanz, Happel; Mikolasch, Ocwirk, Joksch; Melchior, Wagner, Epp, Stroh, Stojaspal. — *Tor:* Melchior.

1949

Österreich — Türkei 1:0 (20. März, Wien)
Zeman; Kowanz, Happel; Hanappi, Ocwirk, Joksch; Körner I, Decker, Wagner (Gernhardt), Brinek (Stojaspal), Aurednik. — *Tor:* Decker.

Schweiz — Österreich 1:2 (3. April, Lausanne)
Zeman; Kowanz, Happel; Hanappi, Ocwirk, Joksch; Melchior, Decker, Gernhardt, Habitzl, Körner II. — *Tore:* Habitzl (2).

Italien — Österreich 3:1 (22. Mai, Florenz)
Zeman; Kowanz, Happel; Hanappi, Ocwirk, Gernhardt; Melchior, Habitzl, Huber, Stojaspal, Aurednik (Kominek). — *Tor:* Huber.

Österreich — Tschechoslowakei 3:1 (25. September, Wien)
Engelmeier; Happel, Kowanz; Hanappi, Ocwirk, Joksch; Strittich, Decker, Huber, Stojaspal, Aurednik. — *Tore:* Decker (2), Huber.

Österreich — Ungarn 3:4 (16. Oktober, Wien)
Zeman; Happel, Kowanz; Hanappi, Ocwirk, Gernhardt; Strittich, Decker, Dienst, Stojaspal, Aurednik. — *Tore:* Decker (2), Dienst.

Jugoslawien — Österreich 2:5 (13. November, Belgrad)
Zeman (Engelmeier); Röckl, Happel; Hanappi, Ocwirk, Joksch; Strittich (Wagner), Decker, Huber, Stojaspal, Aurednik. — *Tore:* Decker (3), Huber (2).

1950

Österreich — Schweiz 3:3 (19. März, Wien)
Zeman; Stotz, Happel; Hanappi, Gernhardt, Joksch; Körner I, Decker, Huber (Walzhofer), Ocwirk, Aurednik. — *Tore:*

Österreich — Italien 1:0 (2. April, Wien)
Zeman; Röckl, Happel; Hanappi, Ocwirk, Zwazl; Melchior, Decker, Dienst, Habitzl, Aurednik. — *Tor:* Melchior.

Österreich — Ungarn 5:3 (14. Mai, Wien)
Zeman; Röckl, Happel; Hanappi, Ocwirk, Zwazl; Melchior, Decker, Dienst (Wagner), Habitzl, Aurednik. — *Tore:* Decker (2), Melchior, Dienst, Aurednik.

Österreich — Jugoslawien 7:2 (8. Oktober, Wien)
Zeman; Röckl, Happel; Hanappi, Ocwirk, Zwazl (Gernhardt); Melchior, Decker, Wagner (Huber), Stojaspal, Aurednik. — *Tore:* Melchior (2), Stojaspal (2), Decker, Wagner, Aurednik.

Ungarn — Österreich 4:3 (29. Oktober, Budapest)
Zeman; Röckl, Happel; Hanappi, Ocwirk, Zwazl (Gernhardt); Melchior, Decker, Wagner, Stojaspal, Aurednik. — *Tore:* Wagner (2), Melchior.

Österreich — Dänemark 5:1 (5. November, Wien)
Zeman; Röckl, Happel; Hanappi, Ocwirk, Gernhardt; Melchior, Decker, Wagner, Stojaspal, Aurednik. — *Tore:* Wagner (3), Melchior, Aurednik.

Schottland — Österreich 0:1 (13. Dezember, Glasgow)
Zeman; Röckl, Happel; Hanappi, Ocwirk, Gernhardt; Melchior, Decker, Wagner, Stojaspal, Aurednik. — *Tor:* Melchior.

1951

Österreich — Schottland 4:0 (27. Mai, Wien)
Zeman; Röckl, Happel; Hanappi, Ocwirk, Gernhardt; Melchior, Riegler, Wagner, Probst, Körner II. — *Tore:* Hanappi (2), Wagner (2).

Dänemark — Österreich 3:3 (17. Juni, Kopenhagen)
Zeman; Kowanz, Happel; Hanappi, Ocwirk, Gernhardt; Melchior, Riegler, Wagner, Probst, Körner II. — *Tore:* Melchior, Riegler, Wagner.

Österreich — Deutschland 0:2 (23. September, Wien)
Musil; Kowanz, Happel; Hanappi, Ocwirk, Schleger; Melchior, Wagner, Dienst (Habitzl), Stojaspal, Probst.

Belgien — Österreich 1:8 (14. Oktober, Brüssel)
Zeman; Röckl, Happel; Hanappi, Ocwirk, Schleger; Melchior, Gernhardt, Huber, Stojaspal, Körner II. — *Tore:* Huber (3), Melchior (2), Stojaspal (2), Hanappi.

Frankreich — Österreich 2:2 (1. November, Paris)
Zeman; Röckl, Happel; Hanappi, Ocwirk, Schleger; Melchior, Decker (Habitzl), Gernhardt, Stojaspal, Körner II. — *Tore:* Stojaspal, Körner II.

England — Österreich 2:2 (28. November, London)
Zeman; Röckl, Happel; Hanappi, Ocwirk, Brinek; Melchior, Gernhardt, Huber, Stojaspal, Körner II. — *Tore:* Melchior, Stojaspal.

1952

Österreich — Belgien 2:0 (23. März, Wien)
Zeman; Röckl, Happel (Stotz); Hanappi, Ocwirk, Koller; Melchior, Gernhardt, Wagner, Stojaspal, Körner II. — *Tore:* Stojaspal (2).

Österreich — Irland 6:0 (7. Mai, Wien)
Musil; Röckl, Happel; Hanappi, Ocwirk, Koller; Melchior, Decker, Dienst, Huber, Haummer. — *Tore:* Huber (3), Dienst (2), Haummer.

Österreich — England 2:3 (25. Mai, Wien)
Musil; Röckl, Happel, Schleger, Ocwirk, Brinek; Melchior, Hanappi, Dienst, Huber, Haummer. — *Tore:* Dienst, Huber.

Schweiz — Österreich 1:1 (22. Juni, Genf)
Schweda; Röckl, Merkel; Schleger, Hanappi, Brinek; Melchior, Decker, Dienst, Huber, Kölly. — *Tor:* Decker.

Jugoslawien — Österreich 4:2 (21. September, Belgrad)
Zeman; Röckl, Happel; Hanappi, Ocwirk, Brinek; Cejka, Huber (Schleger), Dienst, Stojaspal (Riegler), Körner II. — *Tore:* Cejka, Körner II.

Österreich — Frankreich 1:2 (19. Oktober, Wien)
Zeman; Röckl, Happel; Hanappi, Koller, Brinek; Melchior, Walzhofer, Dienst, Ocwirk, Körner II. — *Tor:* Walzhofer.

1953

Ungarn — Österreich 1:1 (26. April, Budapest)
Zeman; Stotz (Röckl), Happel; Hanappi, Koller, Brinek; Menasse (Kominek), Wagner, Dienst, Hinesser, Gollnhuber. — *Tor:* Hinesser.

Österreich — Portugal 9:1 (27. September, Wien, WM-Qualifikation)
Zeman; Stotz, Happel; Hanappi, Ocwirk, Golobic; Körner I, Wagner, Dienst, Probst, Körner II (Walzhofer). — *Tore:* Probst (5), Happel, Ocwirk, Wagner, Dienst.

Österreich — Ungarn 2:3 (11. Oktober, Wien)
Zeman; Stotz, Happel; Hanappi, Ocwirk, Golobic; Körner I, Wagner, Dienst, Probst (Walzhofer), Körner II. — *Tore:* Happel, Wagner.

1954

Österreich — Ungarn 0:1 (11. April, Wien)
Zeman; Stotz, Happel; Hanappi, Ocwirk, Giesser; Halla (Eigenstiller), Wagner, Dienst, Koller, Schleger.

Österreich — Wales 2:0 (9. Mai, Wien)
Pelikan (Schmied); Stotz, Happel; Barschandt, Hanappi, Ocwirk; Halla, Körner I, Dienst, Probst, Schleger (Körner II). — *Tore:* Halla, Dienst.

Österreich — Norwegen 5:0 (30. Mai, Wien)
Schmied; Hanappi, Happel, Barschandt; Ocwirk, Koller; Körner I, Schleger, Wagner, Probst, Körner II. — *Tore:* Probst (2), Happel, Schleger, Eigentor.

Österreich — Schottland 1:0 (16. Juni, Zürich, WM)
Schmied; Hanappi, Happel, Barschandt; Ocwirk, Koller; Körner I, Schleger, Dienst, Probst, Körner II. — *Tor:* Probst.

Österreich — Tschechoslowakei 5:0 (19. Juni, Zürich, WM)
Schmied; Hanappi, Happel, Barschandt; Ocwirk, Koller; Körner I, Wagner, Stojaspal, Probst, Körner II. — *Tore:* Probst (3), Stojaspal (2).

Österreich — Schweiz 7:5 (26. Juni, Lausanne, WM)
Schmied; Hanappi, Happel, Barschandt; Ocwirk, Koller; Körner I, Wagner, Stojaspal, Probst, Körner II. — *Tore:* Wagner (3), Körner II (2), Ocwirk, Probst.

Österreich — Deutschland 1:6 (30. Juni, Basel, WM)
Zeman; Hanappi, Happel, Schleger; Ocwirk, Koller; Körner I, Wagner, Stojaspal, Probst, Körner II. — *Tor:* Stojaspal.

1957

Jugoslawien — Österreich 3:3 (15. September, Belgrad)
Schmied; Kozlicek, Happel, Swoboda; Hanappi, Koller; Halla, Dienst, Buzek, Körner II, Haummer. — *Tore:* Dienst (2), Happel.

Holland — Österreich 1:1 (25. September, Amsterdam, WM-Qualifikation)
Schmied; Halla, Happel, Swoboda; Hanappi, Koller; Kozlicek I, Senekowitsch, Brzek, Körner II, Haummer. — *Tor:* Hanappi.

Luxemburg — Österreich 0:3 (29. September, Luxemburg)
Schmied; Halla, Happel, Swoboda; Hanappi, Koller; Kozlicek I, Dienst, Buzek, Senekowitsch, Körner II. — *Tore:* Kozlicek I, Dienst, Senekowitsch.

Österreich — Tschechoslowakei 2:2 (23. Oktober, Wien)
Schmied; Halla, Happel (Stotz), Swoboda; Hanappi, Koller; Knoll (Kovazh) Senekowitsch, Dienst, Körner II, Jaros. — *Tore:* Senekowitsch, Körner II.

1958

Österreich — Irland 3:1 (14. Mai, Wien)
Szanwald; Halla, Happel, Swoboda; Hanappi, Koller; Horak, Senekowitsch, Buzek, Körner II, Hamerl. — *Tore:* Buzek, Körner II, Hamerl.

Österreich — Brasilien 0:3 (8. Juni, Uddevalla, WM)
Szanwald; Halla, Happel, Swoboda; Hanappi, Koller; Horak, Senekowitsch, Buzek, Körner II, Schleger.

Österreich — England 2:2 (15. Juni, Boraas, WM)
Szanwald; Kollmann, Happel, Swoboda; Hanappi, Koller; Kozlicek I, Kozlicek II, Buzek, Körner II, Senekowitsch. — *Tore:* Koller, Körner II.

Österreich — Jugoslawien 3:4 (14. September, Wien)
Schmied; Halla, Happel, Swoboda; Koller, Barschandt, Horak, Kozlicek II, Buzek (Hamerl), Körner II, Ninaus. — *Tore:* Happel, Körner II, Ninaus.

HAPPEL IM EUROPACUP

ALS SPIELER BEI RAPID WIEN

1956/57 Real Madrid 2:4, 3:1, 0:2 (in Madrid)
1957/58 FC Milan 1:4, 5:2, 2:4 (in Zürich)

ALS TRAINER

Erster Titel im Ausland 1968: Cupsieg mit ADO Den Haag
Den Haag (schon ohne Happel) — GAK 4:1, 2:0, 1. FC Köln 1:3, 0:3

FEYENOORD

1968/69 *Messestädtecup:* Newcastle 0:4, 2:0
1969/70 *Meistercup:* KR Reykjavik 12:2, 4:0; FC Milan 0:1, 2:0; Vorwärts Berlin 0:1, 2:0; Legia Warschau 0:0, 2:0; Finale: Celtic Glasgow 2:1
Weltcup: Estudiantes Buenos Aires 2:2, 1:0
1970/71 *Meistercup:* UT Arad 1:1, 0:0
1971/72 *Meistercup:* Olympia Nicosia 8:0, 9:0; Dinamo Bukarest 3:0, 2:0; Benfica Lissabon 1:0, 1:5

FC BRÜGGE

1975/76 *UEFA-Cup:* Olympic Lyon 3:4, 3:0; Ipswich Town 0:3, 4:0; AS Roma 1:0, 1:0; FC Milan 2:0, 1:2; Hamburger SV 1:1, 1:0; Finale: FC Liverpool 2:3, 1:1
1976/77 *Meistercup:* Steaua Bukarest 2:1, 1:1; Real Madrid 0:0, 2:0; Borussia Mönchengladbach 2:2, 0:1
1977/78 *Meistercup:* Kuopio 4:0, 5:2; Panathinaikos 2:0, 0:1; Atletico Madrid 2:0, 2:3; Juventus Turin 0:1, 2:0 n. V.; Finale: FC Liverpool 0:1
1979/80 *Meistercup:* Wisla Krakau 2:1, 1:3

STANDARD LÜTTICH

1979/80 *UEFA-Cup:* Glenovan 1:0, 1:0; Napoli 2:1, 1:1, Zbrojovka Brünn 1:2, 2:3
1980/81 *UEFA-Cup:* Steaua Bukarest 1:1, 2:1; Kaiserslautern 2:1, 2:1; Dynamo Dresden 1:1, 4:1; 1. FC Köln 0:0, 2:3

HAMBURGER SV

1981/82 *UEFA-Cup:* Utrecht 0:1, 6:3; Bordeaux 1:2, 2:0; Aberdeen 2:3, 3:1; Neuchatel 3:2, 0:0; Nisch 1:2, 5:1; Finale: Göteborg 0:1, 0:3

1982/83 *Meistercup:* Dynamo Berlin 1:1, 2:0, Olympiakos 1:0, 4:0; Dynamo Kiew 3:0, 1:2; Real Sociedad 1:1, 2:1; Finale: Juventus Turin 1:0

1983/84 *Meistercup:* Freilos; Dinamo Bukarest 0:3, 3:2

1984/85 *UEFA-Cup:* Southampton 0:0, 2:0; CSKA Sofia 4:0, 2:1; Inter Mailand 2:1, 0:1

1985/86 *UEFA-Cup:* Sparta Rotterdam 2:0, 0:2

FC TIROL

1987/88 *Cup der Cupsieger:* Sporting Lissabon 0:4, 4:2

1989/90 *Meistercup:* Omonia Nicosia 6:0, 3:2; Dnjepropetrowsk 0:2, 2:2

1990/91 *Meistercup:* Kuusysi Lahti 5:0, 2:1; Real Madrid 1:9, 2:2

1991/92 *UEFA-Cup:* Tromsö 2:1, 1:1; PAOK Saloniki 2:0, 2:0, Liverpool 0:2, 0:4

HAPPELS EUROPACUP-ENDSPIELE

FC Liverpool — FC Brügge 3:2 und 1:1
Liverpool: Clemence; Smith, Hughes, Thompson, Neal; Kennedy, Keegan, Fairclough (Case); Heighway, Toshack, Callaghan. — *FC Brügge:* Jensen; Bastijns, Krieger, Leekens, Volders; Cools, Vandereycken, de Cubber (Hinderyckx); Van Gool, Lambert (Sanders), Le Fevre. — *Tore:* Kennedy, Keegan, Case; Cools, Lambert bzw. Keegan; Lambert.

FC Liverpool — FC Brügge 1:0 (10. Mai 1978, London)
Liverpool: Clemence; Neal, Thompsan, Hughes, Hansen; McDermott, Kennedy, Souness, Case (Heighway); Fairclough, Dalglish. — *FC Brügge:* Jensen; Bastijns, Krieger, Leekens, Maes (Volders); Cools, de Cubber, Vandereycken; Kü (Sanders), Simoen, Sörensen. — *Tor:* Dalglish.

IFK Göteborg — HSV 1:0 und 0:3
Göteborg: Wernersson; Svensson, Hysen (Schiller), C. Karlsson, Fredriksson, T. Holmgren, J. Karlsson, Stromberg, Corneliusson (Sandberg), Nilsson (Holmgren). — *HSV:* Stein; Kaltz (Hidien), Hieronymus, Groh, Hartwig, Wehmeyer, Magath; von Heesen, Hrubesch, Bastrup. — *Tore:* Fredriksson, Corneliusson, Nilsson.

HSV — Juventus 1:0 (25. Mai 1983, Athen)
HSV: Stein; Kaltz, Jakobs, Hieronymus, Wehmeyer; Rolff, Milewski, Groh, Magath; Bastrup (von Heesen), Hrubesch. — *Juventus:* Zoff; Gentile, Brio, Scirea, Cabrini; Bonini, Tardelli, Bettega, Platini; Rossi (Marocchino), Boniek. — *Tor:* Magath.

Feyenoord — Celtic 2:1 n. V. (6. Mai 1970, Mailand)
Feyenoord: Pieters-Graafland; Romejn (Haak), Israel, Lazeroms, van Duivenbode; Hasil, Jansen, van Hanegem; Wery, Kindvall. Moulijn. — *Celtic:* Williams; Hay, McNeill, Brogan, Gemmell; Murdock, Auld (Connelly); Johnstone, Wallace, Lennox, Hughes. — *Tor:* Kindvall.

HAPPEL MIT HOLLAND BEI DER WM 1978

Gruppenspiele: Holland — Iran 3:0, Holland — Peru 0:0, Holland — Schottland 2:3.

Zweite Finalrunde: Holland — Österreich 5:1, Holland — Deutschland 2:2, Holland — Italien 2:1.

Argentinien — Holland 3:1 (1:1, 1:0) n. V.
Argentinien: Filliol; Olguin, Galvan, Passarella, Tarantini; Ardiles (Larossa), Gallego, Kempes; Bertoni, Luque, Ortiz (Houseman). — *Holland:* Jongbloed; Krol, Poortvliet, Brandts; Jansen (Suurbier), Neeskens, Haan, Willy van de Kerkhof; Rene van de Kerkhof, Rep (Nanninga), Rensenbrink. — *Tore:* Kempes (2), Bertoni; Nanninga.

DIE ERFOLGREICHSTEN VEREINS-TRAINER DER WELT

Ernst Happel	18 Titel
Valerij Lobanowski	16 Titel
Giovanni Trapattoni	15 Titel
Udo Lattek	14 Titel
Helenio Herrera	12 Titel
Miguel Munoz	12 Titel
Hennes Weisweiler	11 Titel
Rinus Michels	11 Titel
Miljan Miljanic	11 Titel
Rocco Nero	10 Titel
Bela Gutmann	8 Titel
Branco Zebec	8 Titel
Max Merkel	6 Titel

18 Titel ERNST HAPPEL
(mit 6 Mannschaften aus 4 Ländern, 14 Titel im Ausland)

Meister	Feyenoord 1969, 1971 FC Brügge 1976, 1977, 1978 Hamburger SV 1982, 1983 FC Tirol 1989, 1990
Pokal	ADO den Haag 1968 Feyenoord 1969 (Double) FC Brügge 1977 (Double) Standard Lüttich 1979 Hamburger SV 1987 FC Tirol 1989 (Double)
Europacup/Meister	Feyenoord 1970 Hamburger SV 1983
Weltpokal	Feyenoord 1970

16 Titel VALERIJ LOBANOWSKI
(alle mit Dynamo Kiew)

Meister	1974, 1975, 1977, 1980, 1981, 1985, 1986
Pokal	1974 (Double), 1978, 1982, 1985 (Double), 1987, 1990
Europacup/Cupsieger	1975, 1986
Europa-Supercup	1975

15 Titel GIOVANNI TRAPATTONI
(13 mit Juventus Turin, 2 mit Inter Mailand)

Meister	Juventus Turin 1977, 1978, 1981, 1982, 1984, 1986 Inter Mailand 1989
Pokal	Juventus Turin 1979, 1983
Europacup/Meister	Juventus Turin 1985
Europacup/Cupsieger	Juventus Turin 1984
UEFA-Pokal	Juventus Turin 1977 Inter Mailand 1991
Weltpokal	Juventus Turin 1985
Europa-Supercup	Juventus Turin 1985

Die erfolgreichsten Vereinstrainer der Welt 187

14 Titel UDO LATTEK
(mit 3 Mannschaften aus 2 Ländern, 1 Titel im Ausland)

Meister	Bayern München 1972, 1973, 1974, 1985, 1986, 1987
	Borussia Mönchengladbach 1976, 1977
Pokal	Bayern München 1971, 1984, 1986 (Double)
Europacup/Meister	Bayern München 1974
Europacup/Cupsieger	FC Barcelona 1982
UEFA-Pokal	Borussia Mönchengladbach 1979

(Lattek ist nicht spanischer Pokalsieger mit Barcelona; hat die Siegermannschaft übernommen und wurde Europacup-Sieger)

12 Titel HELENIO HERRERA
(mit 5 Mannschaften aus 2 Ländern)

Meister	Atletico Madrid 1950, 1951
	FC Barcelona 1959
	Inter Mailand 1963, 1965, 1968
Pokal	FC Barcelona 1959 (Double)
	AS Roma 1966
Europacup/Meister	Inter Mailand 1964, 1965
Weltpokal	Inter Mailand 1965, 1966

12 Titel MIGUEL MUNOZ
(alle mit Real Madrid)

Meister	1961, 1962, 1963, 1964, 1965, 1967, 1968, 1969, 1972
Pokal	1962 (Double), 1970
Europacup/Meister	1966

11 Titel	HENNES WEISWEILER	
	(mit 4 Mannschaften aus 3 Ländern)	
	Meister	Borussia Mönchengladbach 1970, 1971, 1975 1. FC Köln 1978 Grasshoppers Zürich 1983 Cosmos New York 1980
	Pokal	Borussia Mönchengladbach 1973 1. FC Köln 1977, 1978 (Double) Grasshoppers Zürich 1983 (Double)
	UEFA-Pokal	Borussia Mönchengladbach 1975
11 Titel	RINUS MICHELS	
	(mit 3 Mannschaften aus 3 Ländern)	
	Meister	Ajax Amsterdam 1967, 1968, 1969, 1970 FC Barcelona 1974
	Pokal	Ajax Amsterdam 1967 (Double), 1970 (Double), 1971 FC Barcelona 1978 1. FC Köln 1983
	Europacup/Meister	Ajax Amsterdam 1971

(Michels 1972 nicht Meisterpokal-Sieger, war bereits beim FC Barcelona; Ajax mit Trainer Kovacs)

11 Titel	MILJAN MILJANIC	
	(mit 2 Mannschaften aus 2 Ländern)	
	Meister	Roter Stern Belgrad 1968, 1969, 1970, 1973 Real Madrid 1975, 1976, 1978
	Pokal	Roter Stern Belgrad 1968 (Double), 1970 (Double), 1971 Real Madrid 1975

Die erfolgreichsten Vereinstrainer der Welt 189

10 Titel ROCCO NERO
(alle mit AC Milan)

	Meister	1962, 1968
	Pokal	1967, 1972, 1973
	Europacup/Meister	1963, 1969
	Europacup/Cupsieger	1968, 1973
	Weltpokal	1969

8 Titel BELA GUTMANN
(mit 4 Mannschaften aus 3 Ländern)

	Meister	AC Milan 1955
		FC Porto 1959
		Benfica Lissabon 1960, 1962
		Penarol Montevideo 1964
	Pokal	Benfica Lissabon 1962
	Europacup/Meister	Benfice Lissabon 1961, 1962 (Europapokal verteidigt)

8 Titel BRANKO ZEBEC
(mit 3 Mannschaften aus 2 Ländern)

	Meister	Bayern München 1969
		Hajduk Split 1974
		Hamburger SV 1979
	Pokal	Bayern München 1969 (Double)
		Dinamo Zagreb 1965
		Hajduk Split 1972, 1973, 1974

6 Titel MAX MERKEL
(mit 3 Mannschaften aus 2 Ländern)

	Meister	1860 München 1966
		1. FC Nürnberg 1968
		Atletico Madrid 1973
	Pokal	1860 München 1964
		Atletico Madrid 1972
	Ligapokal	Atletico Madrid 1972

HAPPEL ALS ÖFB-TEAMCHEF

Ungarn — Österreich 2:1 (0:1) (25. März 1992, Budapest)
Konsel; Zsak; Schöttel, Rotter (Lainer); Prosenik, Stöger, Hörmann (Artner), Herzog (Schinkels); Hartmann (Pfeifenberger); A. Ogris, Polster. — *Tor:* Polster.

Österreich — Litauen 4:0 (3:0) (14. April 1992, Wien)
Wohlfahrt; Zsak; Schöttel (Gager), Rotter; Prosenik, Stöger, Artner, Herzog (Hartmann), Flögel; A. Ogris, Polster (Hasenhüttl). — *Tore:* A. Ogris, Prosenik, Polster, Hasenhüttl.

Österreich — Wales 1:1 (0:0) (29. April 1992, Wien)
Konsel; Zsak; Streiter, Rotter; Prosenik, Stöger, Gager (Baur), Herzog (Schöttel), Flögel; A. Ogris (Hasenhüttl), Polster. — *Tor:* Baur.

Österreich — Polen 2:4 (1:2) (19. Mai 1992, Salzburg)
Wohlfahrt; Zsak; Pacl (Baur), Rotter; Prosenik, Artner, Stöger (Schinkels), Kühbauer, Flögel; Hasenhüttl, Sabitzer (Waldhör). — *Tore:* Hasenhüttl, Waldhör.

Holland — Österreich 3:2 (2:1) (27. Mai 1992, Sittard)
Konsel (Knaller); Zsak; Streiter (Prosenik), Rotter, Hartmann; Kühbauer (Schinkels), Baur, Artner (Posch, Flögel), Herzog; A. Ogris, Polster. — *Tore:* Polster, Schinkels.

CSFR — Österreich 2:2 (1:2) (19. August 1992, Preßburg)
Wohlfahrt; Streiter, Zsak, Wazinger; Prosenik, Stöger, Artner (Hörmann), Baur, Herzog (Flögel), Feiersinger (Hartmann, Sabitzer); Pfeifenberger (Waldhör). — *Tore:* Stöger, Pfeifenberger.

Österreich — Portugal 1:1 (1:0) (2. September 1992, Linz)
Konsel; Streiter (Prosenik), Pecl; Feiersinger, Stöger (Mählich), Artner, Baur, Sabitzer (Kühbauer), Wazinger; A. Ogris, Polster (Hasenhüttl). — *Tor:* Polster.

Frankreich — Österreich 2:0 (1:0) (14. Oktober 1992, Paris)
Wohlfahrt; Zsak; Feiersinger, Streiter, Wazinger; Stöger (Pfeifenberger), Artner, Baur, Herzog, Schinkels (A. Ogris); Polster.

Österreich — Israel 5:2 (2:0) (28. Oktober 1992, Wien)
Wohlfahrt; Zsak; Streiter (Baur), Wazinger; Prosenik, Stöger, Artner, Herzog, Schinkels (Flögel); A. Ogris, Polster. — *Tore:* Herzog (2), Polster, Stöger, Ogris.

Deutschland — Österreich 0:0 (18. November 1992, Nürnberg)
Wohlfahrt (Konsel); Zsak; Streiter, Posch; Pfeifenberger, Schöttel (Kühbauer), Stöger, Artner, Feiersinger; A. Ogris (Polster), Herzog.

HAPPELS ERSTES RAPID-MATCH

Rapid — Postsport 4:4 (13. Dezember 1942, Rapidplatz, 3500 Zuschauer)
Puritscher; Kaiser, Sperner; Uridil II, Hofstätter, Happel; Rybitzky, Dworacek, Roth, Gossak, Klaber. — *Tore:* Dworacek (2), Roth, Gossak.

HAPPELS GRÖSSTES RAPID-MATCH

Rapid — Real Madrid 3:1 (14. November 1956, Wiener Stadion, 50.000 Zuschauer)
Zeman; Halla, Happel, Golobic; Hanappi, Giesser; Körner I, Riegler, Dienst, Körner II, Höltl. — *Tore:* Happel (3).

HAPPELS LETZTES RAPID-MATCH

Rapid — Sportclub 2:3 (11. April 1959, Wiener Stadion)
Zeman; Höltl, Happel, Golobic; Bilek, Giesser; Halla, Reiter, Dienst, Hanappi, Körner II. — *Tore:* Hanappi (2).